सरकारी कार्यालयों में हिन्दी का प्रयोग

सरकारी कार्यालयों में हिन्दी का प्रयोग

(टिप्पण, प्रालेखन, असरकारी पत्राचार–निजी पत्र–व्यवहार, संक्षिप्त लेखन, सन्धि प्रकरण, मुद्रण–फलक–शोधन, अनुवाद)

गोपीनाथ श्रीवास्तव

सहायक सचिव, भाषा विज्ञान विभाग,
उत्तर प्रदेश सचिवालय

लोकभारती प्रकाशन

लोकभारती प्रकाशन
पहली मंजिल, दरबारी बिल्डिंग, महात्मा गाँधी मार्ग
प्रयागराज-211 001
वेबसाइट : www.lokbhartiprakashan.com
ईमेल : info@lokbhartiprakashan.com
शाखाएँ : 1-बी, नेताजी सुभाष मार्ग, दरियागंज
नयी दिल्ली-110 002
अशोक राजपथ, साइंस कॉलेज के सामने
पटना-800 006 (बिहार)

मूल्य : ₹ 600

संस्करण : 2019

जे.के. आर्ट प्रेस
प्रयागराज द्वारा मुद्रित

SARKARI KARYALAYON MEIN
HINDI KA PRAYOG
by Gopinath Shrivastava

ISBN : 978-81-8031-074-4

हिन्दी-प्रेमी
अपने माता-पिता जी की
पुण्य स्मृति में

शुभ कामना

हिन्दी न केवल उत्तर प्रदेश की अपितु कुछ अन्य प्रदेशों एवं संघ की भी राज भाषा है। राजकीय कार्यों में हिन्दी को प्रतिष्ठापित करना एवं उसके अधिकाधिक प्रयोग को सुनिश्चित करना हिन्दी भाषी हम सभी लोगों का धर्म और कर्तव्य है।

हर्ष का विषय यह है कि कर्मचारीवर्ग इस दिशा में प्रयत्नशील हैं, यद्यपि हिन्दी में पूरा कार्य करने में उन्हें पग-पग पर कठिनाई अनुभव होती है। इसका मुख्य कारण किसी अच्छी निर्देशिका का न होना है जो उन्हें टिप्पण, प्रालेखन तथा संक्षिप्त लेखन में समुचित शिक्षा दे सके और साथ ही विभिन्न विषयों पर प्रतिमित प्रपत्र उपलब्ध कर सके और व्यवहार्य शब्दावलियों तथा वाक्यांशों का हिन्दी पर्याय बता सके।

उक्त अभाव को ध्यान में रखकर प्रस्तुत "सरकारी कार्यालयों में हिन्दी का प्रयोग" नामक पुस्तक श्री गोपीनाथ श्रीवास्तव जी ने तैयार की है। श्री श्रीवास्तव उत्तर प्रदेश शासन के भाषा विभाग के एक सुयोग्य अधिकारी हैं। इनका अनुभव विस्तृत है। इस ओर इनकी हिन्दी सेवा स्तुत्य है।

यह पुस्तक तीन भागों में विभाजित है—पहले भाग में सैद्धान्तिक रूप से टिप्पण, प्रालेखन, संक्षिप्त-लेखन, मुद्रण-फलक-शोधन विषयों पर सविस्तार विचार प्रकट किए गए हैं। दूसरे भाग में, नमूनों द्वारा शुभ टिप्पणी, प्रालेख लिखने की विधि को बताया गया है। साथ में यह भी बताया गया है कि बहुधा अशुद्धियाँ किन-किन स्थलों पर होती हैं और क्यों होती हैं। प्रत्येक अवसर पर प्रयुक्त होने वाले पत्रों के प्रतिमित प्रपत्र भी पुस्तक में दे दिये गये हैं। इनके प्रयोग से कर्मचारियों का बहुत कुछ नैत्यक प्रकार का कार्य सुगमता से सम्पन्न हो सकेगा। तीसरे भाग में, सरकारी कार्य में व्यवहृत विदेशी भाषाओं के वाक्यांश और उनके हिन्दी पर्याय दिये गये हैं।

मैं कह सकता हूँ कि यह पुस्तक कर्मचारियों, विद्यार्थियों आदि का मार्ग-प्रदर्शन करेगी और हिन्दी की प्रगति में सहायक सिद्ध होगी। श्री श्रीवास्तव मेरी शुभ कामना के पात्र हैं। इस पुस्तक का सर्वत्र स्वागत होगा—ऐसा मेरा विश्वास है।

३०-६-६३

—दीनदयालु गुप्त

प्राक्कथन

श्री गोपीनाथ जी श्रीवास्तव ने 'सरकारी कार्यालयों में हिन्दी का प्रयोग' नामक जो पुस्तक तैयार की, वह कई दृष्टियों से महत्त्वपूर्ण है। पहली बात तो यह कि ऐसी पुस्तक की आवश्यकता हमारे राज्य के कार्यालयों को है। शासकीय कार्यालयों का निरीक्षण करते समय बराबर मुझसे ऐसी पुस्तक की माँग की जाती है जिससे दफ्तरों में काम करने वाले क्लर्क, कार्यालय के काम के साधारण पत्रों, आलेख्यों आदि को हिन्दी में तैयार करना सीख सकें और जिससे उन्हें हिन्दी में काम करने में सहायता मिले। श्रीवास्तव जी की यह पुस्तक उस आवश्यकता को भलीभाँति पूरा करती है। दूसरे, इस पुस्तक के प्रकाशन और उपयोग से हमारे सारे कार्यालयों के हिन्दी कार्य में एकरूपता आ जायेगी। भाषा, मुहावरों और पारिभाषिक शब्दों की एकरूपता सभी कार्यालयों के पत्र-व्यवहार और आलेख्यों में अत्यन्त आवश्यक है। यदि यह पुस्तक सब कार्यालयों में इस्तेमाल होने लगे तो उनमें यह वांछित और आवश्यक एकरूपता अवश्य आ जायेगी।

राजस्थान और बिहार सरकारों ने भी हिन्दी का उपयोग आरम्भ कर दिया है। और यह उपयोग इन राज्यों में बड़ी शीघ्रता से बढ़ेगा, किन्तु अभी तक हिन्दी में कोई ऐसी पुस्तिका या पुस्तक नहीं है जो कार्यालयों के विविध कामों को हिन्दी में करने के लिए "मार्ग-दर्शिका" या "हस्तामलक" का काम दे सके। यह पुस्तक, जो अपने ढङ्ग की अनोखी और उपयोगी है तैयार है। मैं इसे बहुत महत्त्वपूर्ण समझता हूँ, क्योंकि यदि इस पुस्तक का उपयोग इन दो राज्यों में भी होने लगे तो उत्तर प्रदेश, बिहार और राजस्थान के सरकारी कार्यालयों के पत्र-व्यवहार टिप्पण, आलेख्यों में एकरूपता आ जायेगी। मैं यह आवश्यक और महत्त्वपूर्ण समझता हूँ कि सारे हिन्दी क्षेत्र के राज्यों में शासकीय कार्य के लिए जिस हिन्दी का प्रयोग हो वह एक ही तरह की हो।

उत्तर प्रदेश हिन्दी का उपयोग शासकीय कार्य में कई वर्षों से हो रहा है। इसलिये हमें अधिकांश राज्यों से हिन्दी में काम करने का अधिक अनुभव है। अतएव दूसरे राज्य हमारे अनुभव से लाभ उठाने का प्रयत्न करते हैं। इस पुस्तक में हमारे दस वर्षों के हिन्दी में काम करने का अनुभव संचित है। इस दृष्टि से भी इसका प्रकाशन महत्त्वपूर्ण है।

यह पुस्तक हिन्दी में काम करने की विधि बतलाती है। अतएव यह पुस्तक अपने उद्देश्य और लेखन-शैली में बिलकुल भिन्न है। यह एक स्वतन्त्र पुस्तक है।

—श्रीनारायण चतुर्वेदी

इलाहाबाद }
६-११-५९ }

पाँचवा संशोधित एवं परिवर्धित संस्करण

इस पुस्तक की लोकप्रियता और उपयोगिता को देखते हुए यह आवश्यक प्रतीत हुआ है कि इसके नये संस्करण में कुछ और सामग्री समाविष्ट कर दी जाय, यथा 'असरकारी पत्राचार—निजी पत्र-व्यवहार' और 'सन्धि प्रकरण'। साथ ही 'टिप्पणी' और 'प्रालेखन' अध्याय के पश्चात् परिशिष्ट में उन प्रश्नों को दे दिया गया है 'अभ्यास' के रूप में जो लोक सेवा आयोग द्वारा आयोजित प्रतियोगात्मक परीक्षाओं में पूछे जाते रहे हैं और पूछे जाते हैं।

'सन्धि' का समुचित ज्ञान शुद्ध हिन्दी लिखने के लिए आवश्यक है। कर्मचारियों को सरकारी कार्य के अतिरिक्त असरकारी पत्राचार भी करना पड़ता है। अतएव यह जरूरी समझा गया कि इस विषय पर भी पुस्तक में कुछ चर्चा की जाय और सहायक सामग्री दे दी जाय।

इस परिवर्धित रूप में यह संस्करण छात्रों, परीक्षार्थियों और कर्मचारियों में और अधिक लोकप्रिय होगा और उपयोगी सिद्ध होगा—ऐसा मेरा विश्वास है।

३५२, निशातगंज, लखनऊ
३ मई, १९८५

—गोपीनाथ श्रीवास्तव

प्रस्तावना

मैंने श्री गोपीनाथ श्रीवास्तव द्वारा लिखित 'सरकारी कार्यालयों में हिन्दी का प्रयोग' आद्योपांत देखा। मैं यह निस्सन्देह कह सकता हूँ कि यह पुस्तक हिन्दी एवं अहिन्दी भाषी राज्यों के लिए अत्यन्त उपयोगी सिद्ध होगी। मेरा विश्वास है कि यह पुस्तक राजकीय कार्यों में राज कर्मचारियों तथा अधिकारियों का मार्ग प्रशस्त करेगी। इस पुस्तक में टिप्पण, आलेखन, संक्षिप्त लेखन आदि पर सविस्तार प्रकाश डाला गया है। उनके सिद्धान्तों की व्याख्या की गई है और उदाहरणों द्वारा उनका निरूपण किया गया है। इसके अध्ययन मे कोई भी व्यक्ति अच्छी टिप्पणी और अच्छे आलेख्य सरलता से तैयार कर सकता है।

२. इस पुस्तक की विशेषता यह है कि इसमें टिप्पणी, आलेख्य आदि के नमूने दिये हैं—दोषपूर्ण और शुद्ध। पहले दोषों का उल्लेख किया गया है, बाद में बताया गया कि उन दोषों को कैसे दूर किया जा सकता है। फिर टिप्पणी और आलेख्य के शुद्ध नमूने दे दिये गये हैं। इस प्रकार यह पुस्तक नवच्छात्र को टिप्पण और आलेखन कला में व्यावहारिक प्रशिक्षण देती है।

३. सरकारी कर्मचारी को बहुधा प्रूफ भी देखना होता है। इस पुस्तक में मुद्रण-फलक-शोधन की पूरी व्याख्या की गई है। और शोधन-चिह्नों द्वारा इस विषय का व्यावहारिक ज्ञान पाठक को दिया गया है।

४. श्री गोपीनाथ पिछले बाईस वर्षों से हिन्दी का कार्य कर रहे हैं। इन्होंने सरकारी कर्मचारियों के उपयोग के लिए कुछ लेख और शब्दकोष भी तैयार किये हैं। श्री श्रीवास्तव उत्तर प्रदेश सरकार के अधीन विभिन्न उत्तरदायित्वपूर्ण पदों पर रहे हैं। मेरे अधीन भी इन्होंने कार्य किया है। और मैं यह कह सकता हूँ कि इन्होंने बड़ी लगन, कुशलता और तत्परता से कार्य किया है और हिन्दी की प्रगति में इनका मूल्य-वान योगदान रहा है।

५. 'सरकारी कार्यालयों में हिन्दी का प्रयोग' नामक पुस्तक श्री श्रीवास्तव के दीर्घकालीन अनुभव का सार है। यदि प्रत्येक राज्य इस पुस्तक को मान्यता दे, तो कोई कारण नहीं कि देश में सभी क्षेत्रों में, विशेषकर प्रशासनिक क्षेत्र में, हिन्दी अंग्रेजी का स्थान शीघ्र ही ग्रहण न कर ले। मेरे देखने में तो अभी तक ऐसी कोई पुस्तक नहीं आयी है।

श्री गोपीनाथ श्रीवास्तव इस कृति के लिए बधाई के पात्र हैं।

—आदित्यनाथ झा

मसूरी,
जुलाई २५, १६६१

भूमिका

अक्टूबर १९४७ में सर्वप्रथम इस प्रदेश में हिन्दी राजभाषा के पद पर प्रतिष्ठापित हुई थी। तब से अनेक राज्यों की राजभाषा हिन्दी हो गई है। संघ की भी राजभाषा हिन्दी ही घोषित हुई है। स्वभावतः हिन्दी भाषी प्रदेशों में सरकारी कार्य में हिन्दी अब अपेक्षाकृत अधिक प्रयुक्त की जाने लगी है और आशा यह की जाती है कि कार्यालयों में शीघ्र ही हिन्दी अंग्रेजी का स्थान ग्रहण कर लेगी।

२. किन्तु इसमें एक कठिनाई है। कर्मचारियों के पथ-प्रदर्शन के लिये हिन्दी में अभी तक कोई ऐसी पुस्तक नहीं छपी है जिसमें टिप्पण, प्रालेखन, संक्षिप्त-लेखन आदि के सिद्धान्त की सविस्तार चर्चा हो और साथ ही उदाहरण द्वारा अशुद्ध, दोषयुद्ध टिप्पणियों एवं विभिन्न प्रालेखों और उनके शुद्ध रूपों की विवेचना हो। इसमें कर्मचारियों को पग-पग पर कठिनाई अनुभव होती है और वे अपने विचार सुगमतापूर्वक हिन्दी में व्यक्त करने में असमर्थ रहते हैं।

३. इस कमी को ध्यान में रखकर 'सरकारी कार्यालयों में हिन्दी का प्रयोग' नामक प्रस्तुत पुस्तक लिखी गई है। इसे तीन भागों में विभाजित किया गया है। पहले भाग में टिप्पण, प्रालेखन, संक्षिप्त लेखन और मुद्रण-फलक-शोधन पर सविस्तार प्रकाश डाला गया है। दूसरे भाग में परिशिष्ट हैं जिसमें दोषयुक्त और शुद्ध टिप्पणी के नमूने, विभिन्न प्रकार के प्रालेखों के नमूने, संक्षिप्त-लेखन के नमूने, मुद्रण-शोधन के नमूने, कतिपय प्रतिमित प्रालेख, प्रपत्र और संदेश आदि दिये गये हैं। तीसरे भाग में सरकारी कार्य में व्यवहृत विदेशी भाषाओं के वाक्यांश और उनके हिन्दी पर्याय दिये गये हैं।

४. टिप्पण, प्रालेखन तथा संक्षिप्त लेखन 'साप्ताहिक हिन्दुस्तान' में छप चुके हैं। इस पुस्तक में उन लेखों की पुनरावृत्ति कर दी गई है। इसके लिए 'साप्ताहिक हिन्दुस्तान' के प्रति मैं आभार प्रकट करता हूँ।

५. मुझे आशा है कि यह पुस्तक उपयोगी और राजकीय कार्यों में हिन्दी की प्रगति बढ़ाने में सहायक सिद्ध होगी।

—गोपीनाथ श्रीवास्तव

विषय-सूची

•••

भाग : १

[टिप्पण, प्रालेखन, असरकारी पत्राचार—निजी पत्र-व्यवहार, संक्षिप्त-लेखन, सन्धि प्रकरण, मुद्रण-फलक-शोधन तथा अनुवाद]

भाग : २

[टिप्पणी, प्रालेख, संक्षिप्त-लेखन, मुद्रण-शोधन, प्रतिमिति प्रालेख के नमूने]

भाग : 3

[अनुक्रमणिका : पारिभाषिक शब्दों एवं वाक्यांशों के पर्याय]

———

भाग : एक

टिप्पण

प्रालेखन

असरकारी पत्राचार—निजी पत्र-व्यवहार

संक्षिप्त लेखन

सन्धि प्रकरण

मुद्रण-फलक शोधन

अनुवाद

टिप्पण

१—प्रत्येक कार्यालय में, चाहे वह सरकारी हो अथवा स्थानीय निकाय का हो या किसी व्यापारिक संस्था का हो, टिप्पण तथा प्रालेखन का विशेष स्थान होता है। व्यापारिक संस्थाओं में टिप्पण-कार्य अधिक नहीं होता और कार्यकारी अधिकारी स्वयं प्रालेख तैयार कर लेते हैं, अलबत्ता टिप्पण सरकारी कार्यालयों का एक अभिन्न अंग होता है और उच्चतर कार्यालयों, जैसे विभागाध्यक्ष तथा लोक सेवा आयोग के कार्यालय और सचिवालय में तो इस विषय का महत्त्व और बढ़ जाता है। इन कार्यालयों में प्रालेखन भी सामान्य रूप से महत्त्व रखता है।

२—टिप्पण तथा प्रालेखन कला, अन्य कलाओं की तरह, निरन्तर अभ्यास तथा अनुरक्ति से ही आती है। वह कोई ऐसी वस्तु नहीं है जो पुस्तकों के अध्ययन से आये। हाँ, इस कला को सीखने में पुस्तकों से सहायता निस्संदेह मिल सकती है, किन्तु आवश्यक यह है कि एकाग्रचित्त से इस कला का अभ्यास किया जाय। अतएव यहाँ टिप्पण तथा प्रालेखन के विषय पर स्थूलरूप से ही कुछ बातें बताई जा सकती हैं।

३—अधीनस्थ कार्यालयों में सामान्यतया टिप्पण कार्य केवल सहायक कर्मचारीवर्ग ही करते हैं। वह उनके द्वारा प्रस्तुत टिप्पणियों पर अधिकारी केवल आदेश देते हैं। बड़े कार्यालयों में टिप्पण-कार्य केवल सहायक ही नहीं अपितु अधिकारी भी करते हैं, जो विशेषकर उन प्रकरणों में, जो निर्णय के लिए उससे उच्च अधिकरी के पास भेजे जाते हैं।

४—किसी भी विचाराधीन पत्र के निस्तारण सुगम को और सरल बनाने के लिए जो टिप्पणी लिखी जाती है, वह टिप्पण कहलाती है। इन टिप्पणियों में उस पत्र के पूर्व पत्रों का संक्षेप, निर्णीत प्रश्नों का विवरण अथवा विश्लेषण, उस सम्बन्ध में क्या कार्यवाही की जाय, आदि, इन विषयों पर सुझाव का उल्लेख रहता है। दूसरे शब्दों में, टिप्पण का उद्देश्य उन बातों को, जिन पर निर्णय लेना होता है, स्पष्ट रूप से तथा तर्कानुसारेण प्रस्तुत करना है। साथ ही यह उन बातों की ओर भी संकेत करता है जिनके आधार पर उक्त निर्णय सम्भवतः लिया जा सकता है। कुछ दशाओं में उसके इतिहास तथा उन परिस्थितियों पर, जिनके कारण वह वाद विषय उपस्थित

हो गया है, प्रकाश डालना आवश्यक हो जाता है। टिप्पण में प्रश्न सम्बन्धी पूर्व दृष्टांत तथा पूर्व निर्णय भी दिये जा सकते हैं। उसमें वे नियम, जो उस पर लागू होते हैं देने होते हैं, तथा प्रकरण सम्बन्धी नीति की ओर संकेत करना होता है। यह इसलिए करना होता है जिससे कि आदेशाधिकारी को वाद विषय का पूर्ण ज्ञान हो जाय और वह न्यायोचित आदेश दे सके।

५—सामान्य प्रकार के प्रकरणों में कोई विस्तृत टिप्पणी लिखने की आवश्यकता नहीं होती। ऐसा प्रकरण संक्षिप्त टिप्पणी द्वारा प्रस्तुत किया जाता है और कभी कभी टिप्पणी के स्थान पर प्रालेख ही इस सुझाव के साथ प्रस्तुत कर दिया जाता है कि उसमें दी हुई बातों के आधार पर उस प्रकरण को निस्तारित किया जाय। ऐसे प्रकरणों में, जिनका सम्बन्ध नई योजनाओं से, नीति के प्रश्नों से अथवा जटिल समस्याओं से हो, विस्तृत टिप्पणियाँ लिखी जाती हैं और उनमें ही लेखक की योग्यता का परिचय मिलता है।

६—किसी प्रकरण की यथार्थ प्रस्तुति, लेखक के व्यक्तिगत तथा मानसिक विकास पर निर्भर होती है। इस विषय पर कोई नियम या अनुदेश नहीं हैं और न हो सकते हैं। इतना ही कहा जा सकता है कि प्रकरण स्पष्ट रूप से निपुणता के साथ प्रस्तुत करना चाहिये, जिससे कि आदेशाधिकारी को प्रकरण सम्बन्धी आवश्यक बातों की जानकारी हो जाय और वह यह भी जान जाये कि उसे सम्भवतः क्या करना होगा।

७—अलबत्ता टिप्पणी की भाषा के संबंध में कुछ ऐसी बातें हैं, जिन्हें टिप्पणी लिखते समय नवच्छात्र अपने ध्यान में रख सकते हैं :

(१) **टिप्पणी की भाषा**—टिप्पण-भाषा सरल, स्पष्ट, संयत, विनीत तथा भद्र होनी चाहिए, चाहे उसमें अधीनस्थ प्राधिकारी द्वारा प्राप्त किसी प्रस्ताव की आलोचना करना आवश्यक ही क्यों न हो,

(२) **अतिशयोक्ति का प्रयोग**—टिप्पणी और प्रालेख दोनों में अतिशयोक्ति का प्रयोग दोष समझा जाता है और उस समय तक उसे प्रयोग नहीं करना चाहिये, जब तक किसी प्रसंग विशेष में ऐसा करना वास्तव में आवश्यकता न प्रतीत हो,

(३) **संक्षिप्त और सुस्पष्ट टिप्पणी**—टिप्पणी यथासंभव संक्षिप्त और सुस्पष्ट हो,

(४) **भ्रमात्मक शब्दों का प्रयोग**—टिप्पणी में ऐसे शब्दों का प्रयोग न किया जाय, जिसके अर्थ के सम्बन्ध में टिप्पणीक को स्वयं भ्रम हो,

(५) **मुहावरों तथा वाक्यों का प्रयोग**—टिप्पणी में अपभ्रंश मुहावरों तथा वाक्यों का प्रयोग नहीं करना चाहिये,

(६) **विषय का सविस्तर उल्लेख**—टिप्पणी में किसी भी विषय का सविस्तर उल्लेख नहीं होना चाहिए और न उसकी आवश्यकता से अधिक व्याख्या ही होनी चाहिये। साथ ही उसमें किसी भी विषय को दोहराने का प्रयास भी नहीं किया जाना चाहिये। दूसरे शब्दों में, टिप्पणी में लेखन पद्धति को उपदेशक का रूप ग्रहण नहीं कर लेना चाहिये; यह सदैव स्मरण रखना चाहिये कि उक्त अधिकारी में तर्कानुसार प्रस्तुत विषय को अच्छी तरह समझ लेने की बुद्धि तथा क्षमता होती है,

(७) **व्यक्तिगत आक्षेप**—टिप्पण में किसी प्रकार का व्यक्तिगत आक्षेप नहीं किया जाना चाहिये,

(८) **दृढ़ोक्ति का प्रयोग**—टिप्पणी अकृतक भाव से लिखी जानी चाहिये। वस्तुतः टिप्पण-विषय में टिप्पणीक कोई स्वार्थ नहीं होता और इसलिए तर्कानुसारेण आलोचना करते समय अथवा सुझाव देते समय उसे किसी दृढ़ोक्ति का प्रयोग न करना चाहिए, जिससे यह समझा जाय कि वह उसमें अनुचित रूप से कोई दिलचस्पी रखता है। उसका कर्त्तव्य केवल न्यायोचित और पक्षपात रहित ढंग से प्रकरण के सभी दृष्टिकोणों पर अपने विचार प्रस्तुत करना है, पूर्व दृष्टान्त देना है, उस विषय से संबंधित विधि नियमों तथा आज्ञाओं का उल्लेख करना है और यह बताना है कि क्या वित्त विभाग अथवा किसी अन्य विभाग से कोई परामर्श आवश्यक है, जिससे कि उच्च अधिकारी स्वतन्त्र रूप से निर्णय ले सके। यदि टिप्पणीक द्वारा प्रस्तुत सुझाव के अनुसार अधिकारी निर्णय नहीं लेता तो इसके यह अर्थ नहीं होते कि टिप्पणी की वैधता दूषित हो गई है या टिप्पणीक की योग्यता पर कोई आक्षेप किया गया है। ऐसा उसी समय सम्भव है जब कि टिप्पणी अकृतक भाव से लिखी गई हो :

८—टिप्पणी के सम्बन्ध में सामान्यतया निम्नलिखित बातों को भी ध्यान में रखना होगा।

(क) परिच्छेद का संख्याबद्ध करना— किसी भी टिप्पणी में प्रथम परिच्छेद को छोड़कर अन्य परिच्छेदों को संख्याबद्ध कर देना चाहिये। इससे आदेशाधिकारी को सहायता मिलती है, क्योंकि वह प्रस्तावित परिच्छेद को देख कर ही टिप्पणी के किसी भी भाग का सुगमता से अवलोकन कर सकता है।

(ख) **उप-विभागों में विभाजन**—कभी-कभी टिप्पणी को कतिपय उपविभागों में विभाजित करना उपयोगी सिद्ध होता है। प्रत्येक उपविभाग प्रकरण के

किसी विशिष्ट दृष्टिकोण पर प्रकाश डालता है। इस विभाजन क्रम की प्रयुक्ति विस्तृत टिप्पणी में सुविधा-जनक पाई जाती है।

(ग) **वाद-प्रश्न**—सामान्यतया यह देखा गया है कि यदि वाद-प्रश्न टिप्पणी के प्रारम्भ में दे दिया जाय तो बाद में भागों को पूर्ण रूपेण समझने में सहायता मिलती है। इसके विपरीत यदि वाद-प्रश्न टिप्पणी के अन्त में दिया जाय और उसके प्रारम्भिक तथा मध्य भाग में वाद विषय के इतिहास का ही उल्लेख हो तो पाठक के लिए उस टिप्पणी को पूर्णतया समझना कष्टकर होता है। अतएव अच्छा होगा यदि टिप्पणी के प्रारंभ में वाद विषय का उल्लेख हो, फिर उसमें प्रकरण का इतिहास दिया हो, तत्पश्चात् विभिन्न दृष्टिकोण से उस पर प्रकाश डाला गया हो और अंत में उसके निस्तारण के लिए सुझाव दिए गए हों।

(घ) **निर्देशों का क्रम**—यथासम्भव एक विषय पर ही एक टिप्पणी लिखी जाय और उसमें दिये गये निर्देशों का क्रम वही हो जो पत्रावली में हो।

निर्देश (अर्थात् टिप्पणी के उद्धृत अंश) टिप्पणी के पार्श्व में लिखने चाहिये न कि उसके मूल में, क्योंकि ऐसा न करने से पाठक का ध्यान विषय से हट जाता है। इसी प्रकार का क्रम पत्रावली या पतांकित पत्रों का निर्देश पार्श्व में देना चाहिये।

निर्देश के लिए यथासम्भव पार्श्व में स्थान छोड़ दिया जायगा। किन्तु यदि टिप्पणी में अकस्मात् कोई बात मूल रूप से लिखने को रह जाय तो वह पार्श्व में लिखी जा सकती है और यदि कोई अधिकारी टिप्पणी की किसी बात के सम्बन्ध में आज्ञा पारित करे तो वह पार्श्व में अपने हस्ताक्षर करेगा। किन्तु लम्बी टिप्पणी या लम्बा आदेश कार्यालय-टिप्पणी के अन्त में लिखा जायेगा।

(ङ) **वाद विषय सामग्री**—यदि किसी वाद विषय के निस्तारण में अत्यधिक सामग्री आदि, की आवश्यकता हो तो उसे पृथक वक्तव्य अथवा वितरण या परिशिष्ट के रूप में दिया जा सकता है। ऐसा करने से टिप्पणी में मुख्य विचारणीय विषय अस्पष्ट हो कर लुप्त न हो जायगा।

(च) **नीति के प्रश्न**—टिप्पण में कार्यालय द्वारा नीति के प्रश्न अथवा अधिकारियों के आचरण के सम्बन्ध में आलोचना नहीं की जानी चाहिये।

(छ) **शब्दशः या अक्षरशः उद्धरण**—टिप्पणी में किसी पत्र के परिच्छेद शब्दशः या अक्षरशः उद्धृत नहीं किये जाने चाहिये जब तक कि मूल शब्द का कोई विषय महत्वपूर्ण न हो अथवा उसके द्वारा विशिष्ट रूप से

ध्यान आकर्षित करने का अभिप्राय न हो।

(ज) **शब्दान्तर**—इसी प्रकार टिप्पणी में दूसरे विभागों के टिप्पणी का शब्दान्तर करने की आवश्यकता नही है।

(झ) **अनुस्मारक**—टिप्पणी में आवश्यक दिनांक आदि नहीं भूलना चाहिए, उदाहरणार्थ, यदि टिप्पण में इसका उल्लेख किया जा रहा है कि अमुख पत्र का उत्तर नहीं आया और कई अनुस्मारक भेजने पड़े तो यह अवश्य बताया जाय कि अन्तिम अनुस्मारक कब भेजा गया था। इससे पाठक को विलम्ब का तुरन्त बोध हो जाता है। इसी प्रकार जहाँ पिछले पत्र का स्मरण दिलाना अपेक्षित हो वहाँ उस पत्र की संख्या तथा दिनांक देना उचित होगा।

(ञ) **छोटे टिप्पणी प्रपत्र का प्रयोग**—टिप्पणियाँ छोटे टिप्पणी प्रपत्रों पर नहीं लिखी जायेंगी जब तक कि वे उन्हीं प्रपत्रों के भीतर पूरी न की जा सकती हों, अर्थात्, टिप्पणी छोटे टिप्पणी प्रपत्रों पर केवल ऐसे साधारण निर्देश के सम्बन्ध में लिखी जायेगी जिसके समाप्त होने की सम्भावना सरकार के उत्तर द्वारा हो।

(ट) **नैत्यक टिप्पणी**—पत्रावली के साथ नैत्यक टिप्पणियाँ उस समय तक नहीं भेजी जायँगी जब तक कि उनके द्वारा किसी अधिकारी का ध्यान आकृष्ट करने के विशेष कारण न हो। कार्यालय इस बात का ध्यान रखेगा कि किसी प्रकरण के निवर्तन हेतु उच्च प्राधिकारी के पास कोई ऐसा कागज, पत्र न भेजा जाय जिसकी आवश्यकता न हो और जिससे प्राधिकारी का ध्यान अन्यत्र बंट जाने की संभावना हो।

(ठ) **टिप्पणी का प्रारम्भ**—(१) किसी सरकारी पत्र पर टिप्पणी लिखने के पूर्व टिप्पणीक को पत्र की क्रम संख्या, दिनांक तथा पत्र-व्यवहार का विवरण इंगित करना होगा, जैसे "क्रम संख्या १८, आगरा डिवीजन के कमिश्नर का पत्र, दिनांक २९ सितंबर, १९८७, पृष्ठ ६० पत्र व्यवहार।"

(२) **निर्गत पत्र का विवरण**—निर्गत पत्र का विवरण टिप्पणी में इसी प्रकार करना चाहिए :

"आगरा डिवीजन के कमिश्नर का पत्र संख्या १८, दिनांक १६ मार्च, १९८७, क्र० सं० २६, पृष्ठ ६५ पत्र-व्यवहार।"

(ङ) **उत्तम तथा मध्यम पुरुष का प्रयोग**—कार्यालय द्वारा उत्तम तथा मध्यम पुरुष में टिप्पणी न लिखी जानी चाहिए।

६—**स्वतः पूर्ण टिप्पणी**—सामान्य अवस्था में कार्यालय को स्वतः पूर्ण टिप्पणी लिखने की आवश्यकता नहीं है। किन्तु जब कोई प्रकरण उच्च आदेश के लिए परिपक्व हो जाय तो निम्नलिखित दशाओं में स्वतः पूर्ण टिप्पणी लिखी जायगी :

(१) जबकि पत्र-व्यवहार तथा टिप्पणी इतनी बड़ी हो जाय कि वह असुविधा-जनक प्रतीत होने लगे,

(२) जब कि प्राप्ति लम्बी और जटिल हो तथा एक ही विषय की जाँच के सम्बन्ध में कई उत्तर प्राप्त हों,

(३) जब किसी प्रकरण के कई पहलू हों जिनके आधार पर ऐसे मामलों की उत्पत्ति होती हो जिससे कई विभागों पर प्रभाव पड़ता हो और उन विभागों को विभिन्न दृष्टिकोण से उन मामलों पर विचार करने की आवश्यकता हो,

(४) जब किसी विषय पर वित्त अथवा किसी अन्य विभाग की मंत्रणा अपेक्षित हो,

(५) जब कोई प्रस्ताव किसी सरकारी बैठक या सरकार द्वारा नियुक्त किसी समिति के समक्ष विचारार्थ भेजा जाय।

●

प्रालेखन

विभिन्न प्रकार के प्रालेख—कार्यालय की टिप्पणी पर अधिकारी जो आदेश देते हैं उसका प्रालेख निम्नांकित किसी भी रूप में तैयार किया जाता है और जारी करने से पहले स्वीकृति के लिए अधिकारी को प्रस्तुत किया जाता है। दूसरे शब्दों में सरकार द्वारा भेजे गए पत्र किसी भी निम्नांकित रूप में हो सकते हैं :

(१) शासनादेश
- (क) सामान्य शासनादेश
- (ख) परिपत्र शासनादेश

(२) पत्र

(३) द्रुतगामी पत्र

(४) पृष्ठांकन

(५) तार

(६) कूट संदेश

(७) रेडियोग्राम

(८) टेलीफून संदेश

(९) अर्धशासकीय पत्र

(१०) विज्ञप्ति
- (क) नियम, विनियम, अधिनियम, आदि के सम्बन्ध में,
- (ख) नियुक्ति, स्थानान्तर, पदच्युति इत्यादि के सम्बन्ध में,
- (ग) भूमि प्राप्त के सम्बन्ध में,
- (घ) विविध

(११) संकल्प

(१२) उद्घोषण

(१३) प्रेस नोट

(१४) प्रेस विज्ञप्ति

(१५) सूचना

(१६) कार्यालय ज्ञाप

(१७) कार्यालय आदेश

(१८) अनुस्मारक

(१९) प्राप्ति-स्वीकार

(२०) असरकारी पत्र

(१) **शासनादेश**—सरकार द्वारा अधीनस्थ अधिकारियों को जो पत्र भेजे जाते हैं उनको शासनादेश कहते हैं, चाहे उनके द्वारा सरकार कोई विशिष्ट आदेश दे अथवा कोई सूचना भेजे। विभागाध्यक्षों, प्रमुख कार्यालयाध्यक्षों इत्यादि को जो शासनादेश पत्र जाते हैं उनको परिपत्र शासनादेश कहते हैं।

(२) **पत्र**—भारत सरकार, अन्य राज्य सरकार, न्यायालय, लोक सेवा आयोग, महालेखापाल, उत्तर प्रदेश, तथा अन्य स्वाधीन और अर्धस्वाधीन अधिकारियों को जो पत्र भेजे जाते हैं वे केवल सरकारी पत्र होते हैं न कि शासनादेश।

(३) **द्रुतगामी पत्र**—पत्र, जिसकी शब्द-रचना तार के रूप में होती है किन्तु जो डाक द्वारा भेजा जाता है, द्रुतगामी पत्र कहलाता है। प्राप्ति पर यह पत्र तार की सी भाँति आवश्यक समझा जाता है और इस पर तुरन्त ही कार्यवाही की जाती है।

(४) **पृष्ठांकन**—सूचनार्थ या संक्षिप्त निर्देश के साथ मूल प्रालेख की प्रतियाँ भेजने के लिए इसका प्रयोग होता है। साधारणतया इसका प्रयोग विज्ञप्तियों के सम्बन्ध में या संस्थाओं को लिखते समय नहीं किया जाता।

(५) **तार**—इसका कोई विशिष्ट प्रपत्र नहीं होता। यह केवल आवश्यक प्रकरण के संबंध में ही भेजा जाता है। इसमें प्रयुक्त शब्दावली यथासंभव संक्षिप्त तथा स्पष्ट होती है। इसमें भेजने वाले तथा तार पाने वाले के नामों के संबंध में पंजीयित टेलीग्राफीय पता इस्तेमाल किया जाता है। बाद में डाक द्वारा तार की प्रति भी भेजी जाती है। यदि तार में किसी पद की स्वीकृति दी हो अथवा उसमें कोई विधिक या प्रशासनिक मामला विहित हो तो सामान्यतया तार पर उस समय कार्यवाही न की जानी चाहिए जब तक कि डाक से उसकी प्रति न मिल जाय या अत्यावश्यक मामला होने पर टेलीफून पर उसकी पुष्टि न कर ली जाय।

(६) **कूट संदेश**—यह तार की तरह साइफर में भेजा जाता है। गूढ़ मामलों में ही इसका प्रयोग किया जाता है। इसकी प्रतियाँ डाक से नहीं भेजी जाती हैं।

(७) **रेडियोग्राम**—यह पुलिस वायरलेस से भेजा जाता है। केवल उन्हीं मामलों

में रेडियोग्राम भेजा जाता है, जिनको गृह सचिव निर्दिष्ट करते हैं। सामान्यतः शान्ति और व्यवस्था से सम्बन्धित अत्यावश्क मामलों में ही इसका प्रयोग किया जाता है। जीवन तथा सम्पत्ति नष्ट होने की सम्भावना में भी यह भेजा जाता है। यह तीन प्रकार का होता है :

(१) सामान्य
(२) आवश्यक
(३) क्रैश, अर्थात् अत्यावश्यक

(८) **टेलीफून संदेश**—अत्यावश्यक मामलों में टेलीफून द्वारा सम्पर्क स्थापित किया जाता है और निदेश दिये जाते हैं अथवा सूचना माँगी जाती है।

(९) **अर्धशासकीय पत्र**—यह विधिक पत्र नहीं होता और न इसके द्वारा कोई विधिक आदेश की सूचना दी जाती है। इसका प्रयोग उस समय किया जाता है जब किसी विशेष विषय पर अथवा ऐसे विषय पर जिसके सम्बन्ध में कार्यवाही में कोई विलम्ब हो गया हो किसी अधिकारी का व्यक्तिगत ध्यान दिलाने की आवश्यकता प्रतीत हो। विभिन्न अधिकारियों के बीच किसी विषय पर विचार-विमर्श अथवा मत एवं सम्मति की अभिव्यक्ति के लिए भी इसका प्रयोग किया जाता है। केन्द्रीय मंत्रियों अथवा राज्य मंत्रियों के बीच भी पत्र-व्यवहार इसी रूप में किया जाता है।

(१०) **विज्ञप्ति**—विज्ञप्ति का प्रयोग नियुक्तियों, छुट्टियों, स्थानान्तरणों, अधिकारी की प्रतिनियुक्ति, भूमि प्राप्ति इत्यादि को राजपत्रित करने तथा विधि, विधायनों, अधिनियम और आदेश को प्रवर्तित करने के लिए किया जाता है।

(११) **संकल्प**—किसी विनिश्चय या नीति अथवा महत्त्वपूर्ण विषय सम्बन्धी प्रश्नों पर सामान्यतः लागू होने वाले आदेशों के सम्बन्ध में संकल्प जारी किये जाते हैं जब विनिश्चय या आदेश का प्रसार सार्वजनिक रूप से करना हो। विभिन्न विभागों, प्रशासनिक प्रतिवेदनों तथा सामान्य प्रशासन-प्रतिवेदनों के सम्बन्ध में भी संकल्प जारी किये जाते हैं। कभी-कभी समितियों के संगठन के सम्बन्ध में भी ये जारी किये जाते हैं। ये गजट में भी प्रकाशित किये जाते हैं।

(१२) **उद्घोषणा**—केवल ऐसी उद्घोषणाओं के सम्बन्ध में, जो संविधान के अंतर्गत "उद्घोषणा" के रूप में निर्गत की जायें, जैसे संविधान के अनुच्छेद ३५२ (१) के अधीन आपात् काल की उद्घोषणा में यह रूप प्रयुक्त किया जाता था।

(१३) **प्रेस नोट**—ये उन विषयों के सम्बन्ध में निर्गत किये जाते हैं, जिनके बारे में सरकार चाहती है कि पत्रों में सार्वजनिक रूप से सूचना के लिए इनका प्रसार हो। ये सूचना संचालनालय द्वारा जारी किये जाते हैं।

(१४) **प्रेस विज्ञप्ति**—यह अधिक महत्त्वपूर्ण विषयों पर प्रेस के लिए विधिवत् पत्र के रूप में प्रकाशित की जाती है। कभी-कभी यह गजट में भी प्रकाशित होता है।

(१५) **सूचना**—विशिष्ट व्यक्तियों तथा वरिष्ठ अधिकारियों इत्यादि की मृत्यु पर सरकार की ओर से सम्वेदना प्रकट करने के लिए साधारणतया इसका प्रयोग किया जाता है। इस प्रकार की सूचना गजट में काले हाशिये के अन्दर शोक-संवेदना के रूप में प्रकाशित की जाती है।

(१६) **कार्यालय ज्ञाप**—इसका प्रयोग सामान्य प्रकार के पत्रों में तथा आवेदन-पत्रों का उत्तर देने के लिए किया जाता है। सचिवालय के एक विभाग से दूसरे विभाग को पत्र-व्यवहार भी साधारणतः कार्यालय ज्ञाप द्वारा किया जाता है। इसकी वाक्य-रचना अन्य पुरुष में होती है। कभी-कभी इसकी प्रतियाँ विभागाध्यक्षों, डिवीजन के कमिश्नरों, मुख्य विभागाध्यक्षों, जिला अधिकारियों आदि को भी भेजी जाती है।

(१७) **कार्यालय आदेश**—किसी कार्यालय अथवा विभाग के सहायकों के लिए कोई विशेष आदेश निकालने अथवा उससे सम्बन्धित सूचनायें देने के लिए इसका प्रयोग किया जाता है। सचिवालय के अधिष्ठान सम्बन्धी विषयों, जैसे कर्मचारियों की छुट्टी की स्वीकृति, पदोन्नति इत्यादि में इसका प्रयोग किया जाता है।

(१८) **अनुस्मारक**—निश्चित समय के अन्दर किसी पत्र का उत्तर न प्राप्त होने की दशा में अनुस्मारक भेजा जाता है। इसके लिए पत्र-व्यवहार का वही रूप होगा जो मूल पत्र के लिए होता है।

(१९) **प्राप्ति स्वीकार**—किसी पत्र की प्राप्ति स्वीकार करने में इसका प्रयोग किया जाता है।

(२०) **असरकारी पत्र**—यह विधवत् सम्बोधित नहीं किये जाते जैसे शासनादेश किये जाते हैं। इनका रूप अनौपचारिक होता है।

प्रालेख की भाषा—**प्रालेख की भाषा सरल, स्पष्ट, विनीत, भद्र तथा संयत होनी चाहिये।**

किसी प्रार्थना या आवेदन के अस्वीकृत हो जाने पर उसके निर्णय को यथा-

सम्भव विनम्र रूप में सूचित किया जाना चाहिये। सामान्यतः उसका कारण भी दे दिया जाय यद्यपि यह सर्वथा आवश्यक नहीं है। अस्वीकृति स्वयं ही सन्तापक है, अतः इस बात की सावधानी बरती जाय कि वह अनावश्यक उद्दीपक न होने पाये।

(१) **अतिशयोक्ति का प्रयोग**—प्रालेख में अतिशयोक्ति का प्रयोग न होने पाये, उदाहरणार्थ, यदि किसी बात पर जोर देना हो तो उसके समर्थन में तर्क देना चाहिए या बताना चाहिये कि कोई विशेष बात कहने अथवा न कहने से क्या परिणाम होंगे।

(२) **दृढ़ोक्ति तथा विशेषणों का प्रयोग**—दृढ़ोक्ति तथा विशेषणों के प्रयोग का बहिष्कार करना चाहिये, उदाहरणार्थ "यह अत्यन्त वांछनीय है कि पशुधन की गणना की जाय" के स्थान पर वाक्य "इन विचारों से यह वांछनीय प्रतीत होता है कि पशुधन की गणना की जाय" प्रयुक्त करना अधिक सुन्दर होगा।

(३) **मिथ्याबोध, अविवक्षा तथा अनियतत्व**—प्रालेख की भाषा ऐसी न होनी चाहिये कि उससे किसी प्रकार का मिथ्याबोध हो। भाषा में अविवक्षा तथा अनियतत्व एक बड़ा भारी दोष होता है, अतएव तथ्यों को सत्यापित किये बिना प्रालेख में उनको समाविष्ट न करना चाहिये।

(४) **पुनरुक्ति, अतिरेक, वक्रोक्ति**—पुनरुक्तियों, अतिरेक, वक्रोक्तियों अथवा अत्युक्तियों का कोई समावेश नहीं होना चाहिये।

(५) **अपभ्रंश शब्द तथा वाक्य**—प्रालेख की भाषा अपभ्रंश शब्दों तथा वाक्यों से रहित होनी चाहिये।

प्रालेख में निम्नलिखित वाक्यांशों तथा उनके समान अन्य वाक्यांशों का प्रयोग कभी नहीं करना चाहिये, उदाहरणार्थ "भारत सरकार पत्र", "माल विभाग परिपत्र" अथवा सबसे निकृष्ट "सार्वजनिक निर्माण विभाग पत्र" और "आपका क्रमांक............"। इन विशिष्ट दशाओं के लिए उपयुक्त वाक्यांश "भारत सरकार का पत्र" अथवा "भारत सरकार के सार्वजनिक निर्माण विभाग से प्राप्त पत्र" है। दूसरा आपत्तिजनक वाक्यांश है "मेरे/श्री क ख के पत्र में भेजे गये आदेश"। भारत सरकार द्वारा राज्य सरकार को भेजे गए किसी पत्र में आदेश का उल्लेख करते समय अनुदेश या निदेश शब्दों का प्रयोग अच्छा होगा। इस बात का भी ध्यान रखा जाय कि सचिवालय में बाहरी कार्यों के लिए शासन के विभिन्न विभाग अपना पृथक अस्तित्व नहीं रखते। प्रत्येक पत्र सम्पूर्ण शासन से ही प्रेषित किया जाता है न कि उसके किसी विभाग

द्वारा या विभाग से। अतः "भारत शासन के विदेश मंत्रालय का पत्र" कहना कठिन है परन्तु "विदेश मंत्रालय का पत्र" कहना ठीक नहीं है।

(६) **अलंकारयुक्त भाषा**—प्रालेख की भाषा अलंकारयुक्त न होनी चाहिए।

(७) **असंगत शब्द**—उसमें अयुक्त तथा असंगत शब्द भी नहीं होने चाहिये।

(८) **लम्बे वाक्य**—उसमें लम्बे वाक्य न होने चाहिये।

(९) **भाषा की स्वच्छता**—वाक्य तथा विचारों की दृष्टि से भाषा को स्वच्छ होना चाहिए।

प्रालेख रचना—सर्वप्रथम उस विषय का प्रकार और आशय समक्ष लेना आवश्यक है, जिसके सम्बन्ध में प्रालेख तैयार करना है। प्रालेख के प्रारम्भ में वाद-विषय को संक्षेप में देना, प्रालेख तैयार करने वाले तथा पाठक दोनों के लिए ही सुविधाजनक होता है। कभी-कभी विषय की विधिपूर्वक रचना सरल नहीं होती और उस दशा में प्रालेख में वाद-विषय को उद्धृत न करने की सम्भावना बनी रहती है, किन्तु जैसा ऊपर कहा जा चुका है; यदि वाद-विषय का प्रारम्भ सुनिश्चित कर लिया जाय तो प्रालेख तैयार करने में बड़ी सहायता मिलती है।

प्रालेख विभाजन—विशिष्ट प्रकार के प्रालेख को छोड़कर अन्य प्रालेख सामान्यतः तीन भागों में विभाजित किये जाते हैं। अर्थात्—

(क) **निर्देश**—प्रथम भाग, जिसमें पूर्व पत्र-व्यवहार; यदि कोई हो, का निर्देश होता है या जिसमें संक्षिप्त रूप से विषय पुरःस्थापित किया जाता है, जिससे कि पाठक प्रालेख के क्रम का अनुसरण कर सकें, अर्थात् प्रालेख में प्रथम परिच्छेद के प्रारम्भ में किसी पत्र, पृष्ठांकन या ज्ञाप का निर्देश होना चाहिए। वाक्य "आपका क्रमांक.............दिनांक........" अशुद्ध है, क्योंकि इससे निर्देश की वस्तुस्थिति का भास नहीं होता।

(ख) **प्रकरण वक्तव्य**—प्रकरण वक्तव्य जिसमें व्यक्त विचारधारा के समर्थन में तर्क दिये होते हैं।

जब तर्कों का उत्तर क्रमबद्ध देना हो तो उस परिच्छेद में, जिसमें किसी विषय विशेष का उत्तर दिया जाय, केवल उसका संक्षेप दिया जा सकता, किन्तु ऐसा करना भी अनावश्यक है जब तक कि उत्तराधीन पत्र में ऐसी अनेक बातें न हों; जिनके सम्बन्ध में तर्क देना अपेक्षित है। प्रायः यह अधिक अच्छा और सुविधाजनक होगा यदि उत्तराधीन पत्र के केवल उस परिच्छेद का ही निर्देश कर दिया जाय, जिनमें वह वाद-प्रश्न हो।

(ग) **निष्कर्ष**—निष्कर्ष, जिसमें सिफारिश दी होती है।

(२) **क्रिया का प्रयोग**—वाक्य की रचना में क्रिया का उद्देश्य या विधेय से अथवा सहायक क्रिया को शासित क्रिया से पृथक् न किया जाय, उदाहरणार्थ "मुझे आपके पत्र संख्या·········दिनांक······ ··के संदर्भ में, यह कहना है" के स्थान पर "आपके पत्र संख्या ······दिनांक ······के संदर्भ में मुझे यह कहना है" अधिक उपयुक्त होगा।

(३) **प्रालेख की निर्मिति**—भारत शासन, विभागाध्यक्ष, आदि को संबोधित पत्र में प्रालेख प्रारम्भ करते समय उत्तराधीन पत्र की अंतर्वस्तु की पूर्ण संक्षेपावृत्ति करना साधारणतया आवश्यक है। यदि शीर्षनाम में ही पत्र-व्यवहार का विषय दिया हो तो पत्र के केवल क्रमांक तथा दिनांक को उदधृत कर देना ही पर्याप्त होगा।

(४) किसी पत्र के प्रारम्भ में "···का उत्तर देने के लिए मुझे निर्देश हुआ है" तथा "······निर्देश करने का मुझे निदेश हुआ है" वाक्यांश बराबर अविवेक से प्रयोग किये जाते हैं। वास्तव में प्रथम वाक्य का प्रयोग किसी पत्र का उत्तर देने के लिए ही किया जाय और दूसरे का प्रयोग पिछले पत्र-व्यवहार के संदर्भ में नवीन पत्र-व्यवहार आरम्भ करने के लिए अथवा किसी भी ऐसे निर्दिष्ट कालीन पत्र भेजने की दशा में, जो उसका उत्तर नहीं है, किया जाय। इसी प्रकार "······ से समाप्त पत्र-व्यवहार।" वाक्यांश का प्रयोग उस दशा में न किया जाय जब वह पत्र-व्यवहार जारी हो। इसके लिए उपयुक्त वाक्यांश है "···पर निलम्बित पत्र-व्यवहार" अथवा "आपका पत्र संख्या······दिनांक ·····तथा पूर्व पत्र-व्यवहार।"

(५) **वाक्यांशों की पुनरावृत्ति**—नियमत: सभी पात्रों में उन्हीं वाक्यांशों अथवा उनके समकक्ष वाक्यांशों, जैसे "मुझे यह कहने का निदेश हुआ है" "मुझे यह कहना है"—इत्यादि की बार-बार पुनरावृत्ति न की जाय। सरकारी पत्र साधारणतया यह कहते हुए प्रारम्भ होते हैं कि लेखक को यह कहने का निदेश हुआ है। इससे यह तात्पर्य होता है कि शेष पत्र भी निदेशानुसार ही लिखा गया है।

(६) **संख्या और दिनांक के उद्धरण**—किसी प्रालेख के अन्तर्गत किसी भी पत्र का निर्देश करते समय, जिसकी संख्या तथा दिनांक पहले दी जा सकती है, "उपर्युद्धृत" का प्रयोग न किया जाय। "उदधृत" शब्द का प्रयोग उसी समय ठीक होगा जब पत्र में कोई खण्ड उदधृत किया गया हो। इसके लिए, "उपरिनिर्दिष्ट" या "उपर्युलिलखित" उपयुक्त होगा।

सामान्य अनुदेश : वैभागिक शीर्षक—सामान्य प्रालेखों को कई

भाग में विभाजित करना आवश्यक नहीं है, किन्तु लम्बे प्रालेखों को विशिष्ट वैभागिक शीर्षकों में बाँटना वांछनीय होगा। जटिल अथवा लम्बे प्रालेखों के अन्त में उन बातों को संक्षेप में दे देना लाभकर होगा, जिनकी सिफारिश की गई हो या जो विचारार्थ प्रस्तुत किये गये हों।

(२) परिच्छेद विभाजन—प्रालेखों को सुविधानुकूल परिच्छेदों में विभाजित करना श्रेयस्कर होगा यद्यपि इस सम्बन्ध में कोई विशेष नियम नहीं है। प्रालेखों का परिच्छेदों में विभाजन व्यवहृत विषय पर निर्भर है और यह हो सकता है कि उसी प्रालेख में कुछ परिच्छेद लम्बे हों और कुछ छोटे। विचार-क्रम के अनुसार विषय परिच्छेदों में विभाजित किया जाता है।

(३) **संख्याबद्ध करना**—प्रथम परिच्छेद को छोड़ कर शेष को संख्याबद्ध करना हितकर होगा। अंग्रेजी के (a), (b), (c) के स्थान पर (क), (ख), (ग) लिखना चाहिये। इसी प्रकार (i), (ii) आदि के स्थान पर (१), (२) लिखना अधिक उपयुक्त होगा।

इसी प्रकार जब किसी पत्रावली में एक से अधिक प्रालेख तैयार किये जायँ, तो इन प्रालेखों पर १, २, ३, संख्या डाल दी जाय। कभी-कभी इन संख्याओं को केवल "स्वीकृति के लिए प्रालेख" की पर्ची पर ही लिख दिया जाता है, जिसका परिणाम यह होता है कि जब प्रालेख जारी हो जाते हैं और उनकी पर्चियाँ निकाल ली जाती हैं, तो उस समय बिना कुछ कठिनाई के टिप्पणी में निर्देशित प्रालेख सं० १ अथवा प्रालेख संख्या २ को पहिचानना सम्भव नहीं होता। इसलिए पर्चियों पर संख्या डालने के बजाय स्वयं प्रालेखों पर ही प्रालेखों की संख्या स्पष्ट रूप से डाल देनी चाहिए।

(क) **वृत्त तथा आदेश का समावेश**—किसी प्रकरण में आदेशाधिकारी ने आदेश देते समय जिस भाषा या वाक्यों का प्रयोग किया हो या उच्चाधिकारी ने जो वृत्त लिखा हो उसकी भाषा को प्रालेख में यथासम्भव समाविष्ट करना चाहिए, यदि ऐसा करना उचित प्रतीत हो। दूसरे शब्दों में, जब कभी टिप्पणी और आदेशों का समावेश करना आवश्यक हो तो उन्हें अक्षरशः लिख लिया जाय अथवा स्वविवेक से उनको न्यूनाधिक कर दिया जाय।

(५) **असरकारी पत्र का निर्देश**—यह एक स्थायी नियम है कि किसी सरकारी पत्र में किसी असरकारी मत की अभिव्यक्ति, चाहे वह लिखित हो या मौखिक, नहीं की जाती है। जब किसी सरकारी पत्र-व्यवहार में, जैसा

बहुधा होता है, इसका संकेत करना हो, तो "ऐसा समझा जाता है" या "राज्यपाल सपरिषद् यह समझते हैं" वाक्यांश इसके लिए अपेक्षित है।

(६) **स्वतः पूर्ण परिच्छेद**—पत्र का प्रत्येक परिच्छेद स्वतःपूर्ण होना चाहिए तथा विचार के सामान्य प्रवाह द्वारा सम्बद्ध होने के कारण उसे पूर्व परिच्छेद का स्वभावतः अनुसरण करना चाहिये। छोटे-छोटे पृथक् परिच्छेदों से तर्क के आधार पर विच्छिन्न हो जाते हैं।

(७) **पत्रों की प्राप्ति स्वीकार**—पर्याप्त समय बीत जाने के पश्चात् यदि किसी पत्र द्वारा किसी अन्य पत्र की "प्राति स्वीकार" की जाय तो पत्र का प्रारम्भ "के संदर्भ में या•••का उत्तर देने का मुझे निदेश हुआ है" से किया जाय।

(८) **सहपत्र**—प्रालेख में वे सभी सहपत्र दिये जाने चाहिये जो स्वच्छ प्रति के साथ भेजने हों। यदि प्रालेख में किसी सहपत्र का निर्देश हो (जैसा कि सर्वथा होगा) तो पार्श्व में एक खडी रेखा खींच कर उसके द्वारा ध्यान आकर्षित करना चाहिये। स्वच्छ प्रति में, जिसके सहपत्र का निर्देश किया गया है, पार्श्व में बेड़ी रेखा खींच दी जानी चाहिए। प्रालेख के अन्त में सहपत्रों की सूची दे देना चाहिये।

पत्रों के साथ ऐसे बहुत से सहपत्र न भेजे जायें जिनमें दी जाने वाली अभिप्रेत सूचना की अनावश्यक पुनरुक्ति हो। पत्र के साथ ऐसे भी कोई पत्रादि न भेजे जाने चाहिये जो निर्देशित प्रश्न की स्पष्ट तथा समुचित जानकारी के लिए आवश्यक न हों। दूसरी ओर इस बात की भी सावधानी बरती जाय कि कोई सूचना अपर्याप्त या अल्प न रह जाय। साधारणतया पत्र के प्रालेख स्वतःपूर्ण हों, पर ऐसे समस्त मामलों में जिनमें कोई महत्त्वपूर्ण सिद्धांत सन्निहित हों, या जिनके ब्योरे जटिल हों और जिनमें ऐसी विस्तृत चर्चा प्रस्तुत करने की सम्भावना हो, जिसे किसी संक्षिप्त नाम द्वारा ठीक प्रकार से न भेजा जा सके, यो यह उचित होगा कि वाद-विषय से सम्बद्ध सभी पत्रादि पत्र के साथ ही भेज दिये जायँ।

(९) **पृष्ठांकन**—मूल पत्र का पृष्ठांकन सभी स्वच्छ प्रतियों पर होना चाहिये जिससे ग्रहीता को मालूम हो सके कि किन-किन व्यक्तियों को उसकी प्रतियाँ भेजी गई हैं। यदि किसी प्रकरण विशेष में मुख्य ग्रहीतों को सूचना देना उचित न जान पड़े तो ऐसा करने की आवश्यकता नहीं है।

मूल पत्रों या ज्ञापों के प्रालेख तैयार करते समय (पत्र या ज्ञाप

के नीचे) प्रायः पृथक्-पृथक् पृष्ठांकन दे दिए जाते हैं तथा प्रत्येक पृष्ठांकन को एक-एक पृथक् संख्या दे दी जाती है और उन पर अधिकारी भी अलग-अलग हस्ताक्षर करते हैं। इसका एक उदाहरण नीचे दिया जाता है :

प्रतिलिपि, आयुक्त, आगरा डिवीज़न आगरा को इस विभाग के पत्र संख्या.... दिनांक....के क्रम में सूचनार्थ प्रेषित।

आज्ञा से
(ह०) क० ख०
(अधिकारी का नाम)
(अधिकारी का पदनाम)

"संख्या.........

प्रतिलिपि महालेखापाल, उत्तर प्रदेश को सूचनार्थ प्रेषित।

आज्ञा से
(ह०) क० ख०
(अधिकारी का नाम)
(अधिकारी का पदनाम)

"संख्या.........

प्रतिलिपि, सचिवालय के समस्त विभागों को सूचनार्थ प्रेषित।

आज्ञा से
(ह०) क० ख०
(अधिकारी का नाम)
(अधिकारी का पदनाम)

"संख्या.........

प्रतिलिपि कार्यालयों के मुख्य निरीक्षक, उत्तर प्रदेश, को भी सूचनार्थ प्रेषित।

(ह०) क० ख०
(अधिकारी का नाम)
(अधिकारी का पदनाम)

इसमें प्रालेखन, टंकक और अधिकारी कागज का अनावश्यक इस्तेमाल करते हैं, उनके प्रयास-शक्ति का भी, अपव्यय होता है। उन सभी पृथक् पृष्ठांकनों को सुगमतापूर्वक एक ही पृष्ठांकन में सम्मिलित किया जा सकता है, जैसे—

संख्या.... ....

प्रतिलिपि निम्नलिखित को सूचनार्थ प्रेषित—

(१) आयुक्त, आगरा डिवीजन, इस अभ्युक्ति के साथ कि यह पत्र इस विभाग के दिनांक......के पत्र संख्या......के क्रम में है,

(२) महालेखापाल उत्तर प्रदेश,

(३) सचिवालय के समस्त विभाग,

(४) कार्यालयों के मुख्य निरीक्षक, उत्तर प्रदेश।

आज्ञा से

(ह०) क० ख०

(अधिकारी का नाम)

(अधिकारी का पदनाम)

किन्तु यदि कोई पृष्ठांकन महालेखापाल के लिए हो और उसे वित्त विभाग के किसी अधिकारी के हस्ताक्षर से जारी करना हो तो अन्य पृष्ठांकनों को, जैसा कि ऊपर बताया गया है, संयुक्त रूप में लिखा जाय, और उस अधिकारी के लिये एक पृथक् पृष्ठांकन तैयार कर लिया जाय।

(१०) दिनांक—दिनांक दो प्रकार से लिखे जा सकते हैं, उदाहरणार्थ "१ जनवरी, १९५७", "जनवरी १, १९५७"। इनमें से पहला रूप लिखा जाना चाहिए।

(११) **टंकित प्रतियों का पुनरीक्षण**—टंकन की साधारण त्रुटियाँ टंकित प्रालेखों को बहुधा कुरूप बना देती हैं। इन्हें मुद्रण विभ्रम मान लिया गया है। प्रालेख को प्रस्तुत करने के पूर्व टंकित प्रति की अच्छी तरह जाँच अवश्य कर ली जाय।

प्रालेखों के प्रालेख क्रम-फलक—लम्बे प्रालेखों में प्रालेख क्रम-फलक रूप में प्राय: दूसरा प्रालेख प्रपत्र ही इस्तेमाल किया जाता है। यह उचित नहीं है। "प्रालेख क्रम-फलकों" को ही इस्तेमाल करना चाहिये, किन्तु यदि ये शीट उपलब्ध न हों तो फूलसकेप शीट टाइप का पतला कागज (राइस पेपर) या टिप्पणी फलक इस्तेमाल किया जा सकता।

असरकारी पत्राचार-निजी पत्र-व्यवहार

यह बताया जा चुका है कि सरकारी पत्र-व्यवहार किस प्रकार किया जाता है और विभिन्न प्रकार के सरकारी पत्रों के प्रालेख के रूप क्या होते हैं और वे किस प्रकार तैयार किये जाते हैं।

इस अध्याय में बताया जायेगा कि निजी पत्र-व्यवहार किस प्रकार किया जाता है और इसके अन्तर्गत विभिन्न प्रकार के लोगों को लिखने के लिए किस प्रकार पत्रों के प्रालेख तैयार किये जाते हैं।

ऐसे पत्रों की निम्नांकित श्रेणियाँ हैं :

(१) पारिवारिक पत्र—व्यक्तिगत पत्र
(२) व्यावसायिक पत्र
(३) सम्पादक के नाम पत्र
(४) सार्वजनिक पत्र—अधिकारियों को पत्र, जैसे—प्रार्थना पत्र, याचिकाएँ, अभ्यावेदन, आदि
(५) रीतिक अवसरों पर निमन्त्रण पत्र, आदि
(६) विविध

पत्र के अंग मुख्यतया इस प्रकार होते हैं :–

(१) सम्बोधन
(३) अभिवादन
(३) विषय-वस्तु
(४) समापन वाक्यांश और स्वनिदेश अधोलेख
(५) प्रेषिती का पता

(१) **सम्बोधन**—यह प्रेषक और प्रेषिती के पारस्परिक सम्बन्ध पर निर्भर करता है। बराबर वालों को 'प्रिये', 'प्रियवर' आदि लिखते हैं।

अपरिचित लोगों को 'प्रिय महोदय' लिखते हैं।

बड़ों को 'पूज्यवर', 'मान्यवर', 'आदरणीय' आदि लिखते हैं।

छोटों को 'प्रिय', 'चिरंजीवी' लिखते हैं।

स्त्रियों को 'श्रीमती जो', 'महोदया', 'आदरणीय' लिखते हैं।

(२) **अभिवादन**—इसमें 'नमस्ते', 'सादर प्रणाम', 'प्रणाम', 'प्रसन्न रहो', 'आशीर्वाद' आदि सम्बन्धानुसार लिखते हैं।

(३) **विषय-वस्तु**—इसमें पत्र की मूल बात लिखी जाती है। इसकी भाषा प्रेषक और प्रेषिती के सम्बंधानुसार होती है। मित्र को लिखते समय अनौपचारिक और सीधी भाषा प्रयोग की जाती है। अपने से बड़ों को लिखते समय भाषा संयत और आदरपूर्ण होनी चाहिए। व्यापारियों को लिखते समय भाषा सुस्पष्ट, सीधी और औपचारिक होनी चाहिए।

बहुअर्थक, गूढ़ार्थक, अस्पष्ट भाषा का प्रयोग नहीं किया जाना चाहिये। भाषा नम्र और संयत होनी चाहिए।

(४) **स्वनिर्देश अधोलेख**—समापन वाक्यांश में 'अभिवादन सहित', 'शुभकामनाओं सहित', आदि, आदि लिखे जाते हैं। तत्पश्चात् स्वनिर्देश अधोलेख गें 'आपका', 'भवदीय', 'शुभाकांक्षी', 'सस्नेही', 'आपका आज्ञाकारी पुत्र', 'तुम्हारा भाई' आदि प्रमुख किये जाते हैं।

(५) **प्रेषिती का पता**—प्रेषक का नाम पत्र के बायीं ओर, प्रेषक का पता पत्र के दाहिनी ओर और पत्र के अन्त में प्रेषिती का पता बायीं ओर दिया जाता हैं, जैसे—

हरगोविन्द

लाजपत नगर
कानपुर

कानपुर
३ मई, १९८८

आपका
हरगोविन्द

सेवा में—
श्री हरिप्रसाद
५२, कटरा
इलाहाबाद

व्यावसायिक पत्र

इस प्रकार के पत्र व्यवसाय सम्बन्धी विषयों में, जैसे पुस्तक-विक्रेता से पुस्तकें मंगाने के लिए, दूकानदारों से सामान मंगाने के लिए, लिखे जाते हैं—

सम्बोधन—'प्रिय महोदय', अथवा 'महोदय'
अधोलेख—'आपका', 'भवदीय'
प्रालेख—

हरिप्रसाद ५२, कटरा
इलाहाबाद

प्रिय महोदय,

अनुरोध है कि कृपया मुझे उपरिलिखित पते पर वी० पी० डाक द्वारा निम्नलिखित पुस्तकें यथाशीघ्र भेज दी जायें।

धन्यवाद

भवदीय
(भगवान प्रसाद)

पुस्तकों के नाम	लेखक	मूल्य
....	....	...

मेसर्स आशाराम
पुस्तक विक्रेता
दिल्ली

सम्पादक के नाम पत्र

अधिकतर ऐसे पत्रों में जनता की किसी शिकायत की ओर समाचार-पत्रों के माध्यम से सम्बन्धित अधिकारियों का ध्यान आकृष्ट किया जाता है। ये पत्र समाचार-पत्रों के सम्पादकों को सम्बोधित किये जाते हैं और पत्र के 'सम्पादक के नाम पत्र' स्तम्भ में प्रकाशित होते हैं।

सार्वजनिक पत्र—अधिकारियों को पत्र

ये पत्र दो प्रकार के होते हैं :

(१) नियुक्ति आदि के लिए।

(२) कोई व्यवस्था करने के लिए अथवा किसी कष्ट को निवारण करने के लिए केवल विषय-वस्तु अलग होती है, वैसे प्रारूप पहले की ही तरह होता है—

रीतिक अवसरों पर निमन्त्रण-पत्र

ये पत्र अन्य पुरुष में लिखे जाते हैं। इनमें 'सम्बोधन' और 'अभिवादन' नहीं होते।

(१)

'परम पिता की असीम अनुकम्पा से मेरी पुत्री/पुत्र का शुभविवाह श्री ...... के सुपुत्र/सुपुत्री.........से..........वार..........१९........ को होना निश्चित हुआ है।

सविनय प्रार्थना है कि सकुटुम्ब पधार कर उत्सव की शोभा बढ़ायें और वर-वधू को शुभाशीर्वाद दें।

दर्शनाभिलाषी

....

(२)

'श्री तथा श्रीमती ....चि० पुत्र..........के शुभविवाह के उपलक्ष्य में ५२, कटरा इलाहाबाद में रविवार..........को सायंकाल..........बजे आयोजित प्रीतिभोज/जलपान में सादर आमन्त्रित करते हैं।

दर्शनाभिलाषी

.. ..

सेवा में—

श्री श्रीमती.........

....

विविध

(१) सूचना

(१) सामान्य सूचना

(२) नीलामी सूचना

(२) निविदा (टेंडर)

(३) सम्मन

जन-साधारण को किसी विषय पर अथवा किसी नीलाम के सम्बन्ध में जब सूचना देना अपेक्षित होता है तो उपर्युक्त (१) और (२) का आश्रय लिया जाता है। इस प्रकार की सूचना समाचार-पत्रों में प्रकाशित की जाती है।

प्रारूप

(१) सामान्य सूचना—आवश्यकता है एक सुयोग्य, सुशिक्षित अंग्रेजी के अध्यापक·········की जो माध्यमिक स्कूल के छात्रों को अंग्रेजी पढ़ा सके।

अपेक्षित अर्हता—

······

व्यवस्थापक

··········

(२) नीलामी सूचना—जन साधारण को विदित हो कि कानपुर नगर महापालिका की ओर से स्वरूपनगर में भूखण्डों की बिक्री नीलाम द्वारा रविवार·······मई, १९८७ को की जायगी।

नीलामी की बोली छूटने पर २५ प्रतिशत नकद धनराशि जमा करनी होगी।

मुख्य नगर अधिकारी

कानपुर

(३) निविदा—सर्वसाधारण को विदित हो कि······में निम्नांकित सड़क के निर्माण के लिये कंकरीट सप्लाई करने के मुहरबन्द निविदा माँगे जाते हैं।

निविदा पत्र २० रु० देने पर कार्यालय से प्राप्त किये जा सकते हैं।

निविदा देने की अंतिम तारीख······५ बजे अपराह्न होगी।

निविदा अगले दिन अपराह्न ५ बजे खोली जायेगी—

जिला	स्थान	निर्माणार्थ सड़क	अपेक्षित सामग्री
कानपुर	१० किलोमीटर सड़क पर	३० किलोमीटर लम्बी सड़क	कंकरीट १०० वैगन

संक्षिप्त-लेखन

संक्षिप्त-लेखन की परिभाषा—किसी विस्तृत विवरण, सविस्तर आख्या, वक्तव्य; पत्र-व्यवहार, लेख आदि के तथ्यों एवं निर्देशों के सुरुचिपूर्ण संयोजन को, जिनमें अप्रासंगिक, असम्बद्ध, पुनरावृत्त, अनावश्यक बातों का बहिष्कार तथा समस्त अनिवार्य, उपयोगी एवं मूल तथ्यों का प्रवाहपूर्ण और संक्षिप्त संकलन हो, संक्षिप्त लेखन कहते हैं। संक्षिप्त लेखन पाठक के सम्मुख एक क्रमबद्ध रूप प्रस्तुत करता है।

सारांश, आशय, निष्कर्ष आदि से संक्षिप्त-लेखन की भिन्नता—संक्षिप्त लेखन, सारांश, आशय, निष्कर्ष आदि से भिन्न है। सारांश में केवल मुख्य बात को अत्यधिक संक्षेप में लिख दिया जाता है, जबकि संक्षिप्त-लेखन में सामान्यतः सभी बातें क्रमबद्ध उपस्थित की जाती हैं। इसी भाँति यह 'आशय' से भी भिन्न है, क्योंकि 'आशय' में या तो सम्पूर्ण कथन का अथवा किन्हीं गूढ़ वाक्यों या पदों का स्पष्टीकरण किया जाता है, जबकि 'संक्षिप्त-लेखन' में स्पष्टीकरण करने की कोई क्रिया नहीं की जाती। 'निष्कर्ष' तो 'आशय' से भी संक्षिप्त होता है। बड़े से बड़े कथन का निष्कर्ष कतिपय वाक्यों में ही दिया जा सकता है, अतः यह भी संक्षिप्त-लेखन से भिन्न है।

सामान्य—संक्षिप्त-लेखन में मूल-लेख के प्रत्येक शब्द के न तो पर्यायवाची शब्द ही लिखे जाते हैं और न मूल लेख के निर्णयात्मक अंश के कतिपय वाक्यों को निकाल कर शेष वाक्य ज्यों के त्यों उद्धृत ही कर दिये जाते हैं, अपितु संक्षिप्त लेखन में मूल सन्दर्भ (लेख, वक्तव्य, पत्र-व्यवहार, भाषण आदि) को संक्षिप्त परन्तु सुगठित भाषा में इस भाँति लिखा जाता है जिससे पाठक को उसके पढ़ने के पश्चात् मूल संदर्भ में वर्णित विषय का पूर्ण व स्पष्ट ज्ञान हो सके। संक्षिप्त लेखन पाठक की अपनी भाषा में इस प्रकार लिखा जाता है जिसमें वाक्य एक-दूसरे से सम्बद्ध हों, उनका क्रम प्रवाहपूर्ण हो तथा उसका अर्थ भी बिलकुल सुस्पष्ट हो।

स्वतःपूर्ण संक्षिप्त-लेखन—संक्षिप्त-लेखन स्वतःपूर्ण होना चाहिए। उसे पढ़ लेने के पश्चात् उसे ठीक से समझने के लिए मूल संदर्भ को पढ़ने की आवश्यकता न रहनी चाहिए। वास्तव में संक्षिप्त-लेखन का प्रयोजन ही यह होता है कि उपरि-अधिकारी, किसी विषय के लम्बे व समस्त पत्र-व्यवहार या अत्यन्त विस्तृत

वक्तव्य, लेख आदि को पूरा न पढ़ कर केवल इनके द्वारा ही तद्विषयक स्पष्ट तथा पूर्ण जानकारी प्राप्त कर सके, जिससे उसके समय तथा श्रम की बचत हो सके। अतः संक्षिप्तीकरण का यह कार्य यद्यपि एक ओर तो सरल एवं सुगम जान पड़ता है, परन्तु दूसरी ओर उतना ही अधिक चातुर्य तथा उत्तरदायित्व का है।

संक्षिप्त-लेखन के समय उसके निम्न आवश्यक गुणों का ध्यान रखना चाहिए :

(क) **सरल तथा परिष्कृत भाषा**—संक्षिप्त-लेख की भाषा सरल तथा परिष्कृत होनी चाहिए। क्लिष्ट, अस्पष्ट तथा कई समास युक्त लम्बे-लम्बे शब्दों का प्रयोग न किया जाय। इसके अतिरिक्त उसमें व्याकरण सम्बन्धी त्रुटियाँ न होने पावें इस ओर भी ध्यान रखना आवश्यक है।

(ख) **शुद्धता**—संक्षिप्त-लेखन का प्रथम गुण शुद्धता है। इसका अर्थ यह है कि संक्षिप्त-लेखन में वे ही सब तथ्य तथा विषय लिखे जायें जो मूल संदर्भ में हों, जिससे उनके वे ही अर्थ सही-सही लगाये जा सकें जो मूल में अभिप्रेत हों। कोई भी बात अशुद्ध, गलत या ऐसी न हो जिसके वैकल्पिक रूप से विभिन्न अर्थ लगाये जा सकें या जिनमें मिथ्याभास हो। संक्षिप्त लेखन में मूल संदर्भ के आशय में कोई परिवर्तन नहीं होना चाहिए।

(ग) **स्पष्टता**—संक्षिप्त-लेखन का दूसरा गुण उसकी स्पष्टता है। संक्षेप ऐसा लिखा जाय जिसके पढ़ने से मूल संदर्भ का अर्थ पूर्णतया स्पष्ट हो जाय। यह ध्यान रहे कि ऐसा न हो कि कहीं संक्षेप का अर्थ स्पष्ट करने के लिए मूल संदर्भ को ही पढ़ना पड़ जाय।

(घ) **संक्षिप्त नाम**—संक्षिप्त-लेखन में ऐसे संक्षिप्त नाम प्रयोग में न लाये जायें जिन्हें मूल संदर्भ पढ़ कर ही समझा जा सके। ऐसा होने से तो संक्षेपण का प्रयोजन ही नष्ट हो जाता है।

(ङ) **पूर्णता**—संक्षिप्त-लेखन का तीसरा गुण उसकी पूर्णता है। संक्षिप्त-लेख स्वतःपूर्ण होना चाहिये। संक्षेप करते समय इस बात का ध्यान रखना चाहिए कि उसमें कहीं कोई महत्वपूर्ण बात रह तो नहीं गई है। आवश्यक और अनावश्यक अंशों का चुनाव विवेकपूर्ण होना चाहिए। यह अभ्यास से ही सम्भव है। संक्षिप्त-लेखन में उतने ही तथ्य लिखे जायें जो मूल संदर्भ में हों, न तो उसमें अपनी ओर से कोई वृद्धि ही करना चाहिए, और न कोई मुख्य बात कम ही की जाय। मूल संदर्भ में जिस विषय या बात पर जितना जोर दिया गया है उसी अनुपात में संक्षिप्त-लेख में भी

जोर दिया जाय। ऐसा न होने पाये कि कुछ विस्तार से लिख दिया जाय और कुछ कम। प्रायः ऐसा देखा जाता है कि संक्षिप्त-लेख के प्रारम्भ में, तो बातें अधिक स्पष्ट तथा विस्तार से लिख दी जाती हैं और अंत करते समय संक्षिप्त-लेख का आकार बढ़ता देख कर अत्यन्त संक्षेप में लिख दिया जाता है, जिससे कभी-कभी बाद का अंश अस्पष्ट रह जाता है। अतः प्रारम्भ से ही इस बात का ध्यान रखा जाना चाहिए।

(च) **संक्षिप्तता**—संक्षिप्त-लेखन का चतुर्थ गुण उसकी संक्षिप्तता है। शुद्धता, सुस्पष्टता, पूर्णता आदि का ध्यान रखते हुए भी संक्षिप्त-लेख मूल संदर्भ का सामान्यतया तृतीयांश होना चाहिये। संक्षिप्त-लेख में व्यर्थ के विशेषण, उदाहरण, व्याख्यात्मक तथा वर्णनात्मक अंग हटाये जा सकते हैं तथा लम्बे-लम्बे शब्दों के स्थान पर सामासिक चिह्न लगा कर उन्हें छोटा बनाया जा सकता है। यद्यपि संक्षिप्त-लेख के आकार के सम्बन्ध में कोई पक्का नियम नहीं बनाया जा सकता है, फिर भी उसे यथासम्भव संक्षिप्त करके तृतीयांश के बराबर रखने का प्रयत्न किया जाय। परन्तु इस बात का ध्यान अवश्य रखा जाय कि उसके आवश्यक गुणों की हानि न होने पावे।

(छ) **प्रवाह**—संक्षिप्त-लेखन का पंचम गुण उसका प्रवाहपूर्ण होना है। वाक्य सुसम्बद्ध और सुगठित हों। लेख को पृथक् भागों में न तो विभक्त ही किया जाय और न उसके खण्ड ही किये जायें। लेख में प्रवाह बनाये रखने के लिए वाक्यों के साथ 'अतः, इस पर, तथापि', आदि शब्दों का प्रयोग किया जा सकता है।

अनुदेश—संक्षिप्त-लेखन के इन आवश्यक गुणों के अतिरिक्त निम्न बातों पर भी ध्यान रखा जाय :

(१) **अन्य पुरुष का प्रयोग**—संक्षिप्त-लेख, अन्य पुरुष में लिखना चाहिए। इसी के अनुसार, जहाँ आवश्यक हो, क्रियाओं के रूप भी बदल दिये जायें।

(२) **वार्तालाप का महत्त्व**—सामान्यतया, संक्षिप्त लेख में वार्तालाप, संवाद, कथन आदि को साधारण वर्णन के रूप में परिवर्तित कर दिया जाय, परन्तु इस बात का भी ध्यान रखना आवश्यक है कि जहाँ कहीं वार्तालाप या संवाद आदि का विशेष महत्त्व हो, वहाँ पर उसके मूल रूप को ही उद्धृत कर दिया जाय।

(३) **क्रिया का प्रयोग**—पत्र तथा भाषण को भूतकालिक क्रिया में लिखा जाय। संक्षिप्त-लेख में न तो अपनी ओर से कुछ जोड़ना चाहिये और

न किसी प्रकार की टीका-टिप्पणी ही करनी चाहिए।

(४) **क्रमबद्धता**—जहाँ तक हो, संक्षिप्त-लेख में मूल संदर्भ की ही भाँति क्रमबद्धता बनाये रखी जाय। तथ्यों को उलट-पलट कर तथा आगे-पीछे रखने से भाव या अर्थ के बदल जाने की बहुत सम्भावना रहती है।

(५) **शीर्षक**—संक्षिप्त-लेख लिखने के बाद उसका एक छोटा-सा उपयुक्त शीर्षक भी दे देना चाहिये। इससे उसके आशय को समझने में सहायता मिलती है तथा विषय का भी ज्ञान हो जाता है।

(६) **अपने शब्दों का प्रयोग**—संक्षिप्त लेख में, जहाँ तक सम्भव हो सके, अपने शब्दों का प्रयोग किया जाय। मूल संदर्भ के शब्दों की ही आवृत्ति प्रायः अच्छी नहीं समझी जाती, परन्तु इससे उसके भाव या अर्थ में कोई अन्तर नहीं आना चाहिये। आवश्यकतानुसार मूल संदर्भ या पत्रों के शब्दों का ज्यों का त्यों भी प्रयोग किया जा सकता है।

(७) **पुनरावृत्ति**—मूल संदर्भ में यदि एक ही बात पृथक्-पृथक् कई भागों में बिखरी हो तो उसे संयोजित कर एक साथ लिख देना उपयुक्त होगा। इससे पुनरावृत्ति नहीं होने पायेगी। संक्षिप्त लेख में पुनरावृत्ति का होना दोष माना जाता है।

(८) **प्रस्तावना**—संक्षिप्त-लेख का प्रथम वाक्य ऐसा लिखा गया हो जिससे मूल संदर्भ के विषय आदि का ज्ञान हो सके। उसे प्रस्तावना के रूप में मूल विषय से असम्बद्ध न होकर सीधे सम्बन्धित होना चाहिए।

सारांश—संक्षिप्त-लेख लिखने की उचित विधि यह है कि प्रथमतः जिस वस्तु का संक्षिप्त-लेख लिखना हो उसे सावधानी से पढ़ लिया जाय और उसका विषय तथा भावार्थ समझने की चेष्टा की जाय। सम्भव है कि प्रथम बार पढ़ने से कुछ शब्द स्पष्ट न हो सकें। अतः उसे दुबारा पढ़ा जाय और उसके महत्त्वपूर्ण अंशों को नोट किया जाय तथा अनुपयोगी अंशों पर भी संकेत बना लिया जाय। अब इन महत्त्वपूर्ण अंशों के आधार पर एक संक्षिप्त लेख लिखा जाय। यदि संक्षिप्त लेख के आकार के सम्बन्ध में कोई निदेश किया गया हो तो उसके अनुसार, अन्यथा मूल संदर्भ के एक तिहाई के बराबर आकार निश्चित कर लिया जाय। यदि कुछ अस्पष्टता रह जाय तो फिर तीसरी बार इस दृष्टि से मूल लेख को पढ़ा जाय कि कहीं भूल से कोई आवश्यक बात छूट तो नहीं गई है। संक्षिप्त लेख लिख लेने के पश्चात् उसका एक उपयुक्त छोटा सा शीर्षक भी लिख दिया जाय तथा संक्षिप्त लेख एक बार पढ़ कर देख लिया जाय कि भाषा में प्रवाह तो कहीं विच्छिन्न नहीं हुआ है, या क्रमबद्धता तो नहीं भंग हुई है। यदि कहीं भाषा शिथिल हो गई हो तो उसमें सुधार किया जाय। जहाँ अधि-

कारियों के नाम तथा पदनाम दोनों ही दिये हों वहाँ नाम हटा कर केवल पदनाम ही लिखे जा सकते हैं।

संक्षिप्त-लेखन के भेद—संक्षिप्त लेखन दो प्रकार के होते हैं :

(१) किसी स्वतन्त्र विषय का तथा

(२) किसी पत्र-व्यवहार का।

किसी पत्र, लेख, वक्तव्य, भाषण आदि स्वतंत्र विषय का संक्षिप्त-लेखन ऊपर बताई विधि से ही किया जाता है, परन्तु पत्र-व्यवहार के संक्षिप्त लेखन के लिए प्रायः दो पद्धतियाँ प्रचलित हैं :

(१) प्रवाह, तथा

(२) तालिका संक्षेप

प्रवाह संक्षेप—प्रवाह संक्षेप में समस्त पत्र-व्यवहार का संक्षेप पत्रों के क्रम के अनुसार वर्णनात्मक रूप में दे दिया जाता है।

तालिका संक्षेप—तालिका संक्षेप में एक तालिका बनाई जाती है और उसके स्तम्भों के अनुसार प्रत्येक पत्र का विवरण अंकित कर दिया जाता है। इस तालिका में सामान्यतः निम्न स्तम्भ होते हैं :

क्रम-संख्या	पत्र-संख्या	दिनांक	प्रेषक	प्रेषिती	प्रत्येक पत्र का विषय (आशय)
१	२	३	४	५	६

पहले स्तम्भ में पत्रों की क्रमसंख्या क्रमानुसार अंकित की जानी चाहिए, दूसरे में पत्र में लिखी हुई संख्या लिखी जाय, तीसरे में पत्र में लिखा हुआ दिनांक लिखा जाय, चौथे में प्रेषक अर्थात् पत्र भेजने वाले का नाम, स्थान आदि, पाँचवें में जिसे पत्र भेजा जाय उसका नाम और छठे में प्रत्येक पत्र का विषय तथा आशय लिखा जाय।

सन्धि-प्रकरण

जब किन्हीं दो वर्णों को मिलाया जाता है; तो उसे सन्धि कहते हैं। वस्तुत: दो वर्णों का पारस्परिक मेल ही सन्धि है। सन्धि में दो वर्णों को मिलाकर एक नया रूप हो जाता है।

सन्धि और संयुक्ताक्षरों में भेद है। सन्धि में दोनों वर्णों के मिलने से एक नया वर्ण बन जाता है, किन्तु संयुक्ताक्षर में ऐसा नहीं होता। सन्धि होने से कभी एक वर्ण बदलता है, कभी दोनों और कभी-कभी दोनों के बदले एक तीसरा वर्ण ही बन जाता है और मूल वर्णों का लोप हो जाता है।

सन्धियाँ तीन प्रकार की होती हैं :

(१) स्वर सन्धि
(२) व्यंजन सन्धि
(३) विसर्ग सन्धि

स्वर सन्धि

जब दो रूपों के मिलने से उनके रूप में परिवर्तन होता है, तो इस मेल को स्वर सन्धि कहते हैं, जैसे—

हिम + आलय = हिमालय गण + ईश = गणेश
महा + ईश = महेश पर + उपकार = परोपकार

स्वर सन्धि में पाँच उपभेद किये जा सकते हैं, जैसे—

(१) दीर्घ
(२) गुण
(३) वृद्धि
(४) यण
(५) अयादि

(१) दीर्घ सन्धि

जब समान स्वर के साथ समान स्वर हो, तो दीर्घ सन्धि होती है, अर्थात् जब

दो सवर्ण स्वर (अ, आ, इ, ई, उ, ऊ) पास-पास आ जाते हैं तो सन्धि होने पर दोनों के स्थान पर सवर्ण दीर्घ स्वर हो जाता है, जैसे—

विद्या + आलय = विद्यालय (आ + आ = आ)

धर्म + अर्थ = धर्मार्थ (अ + अ = आ)

मही + ईश = महीश (ई + ई = ई)

गिरि + इन्द्र = गिरीन्द्र (इ + इ = ई)

वधू + उत्सव = वधूत्सव (ऊ + उ = ऊ)

लघु + उर्मि = लघूर्मि (उ + उ = ऊ)

(२) गुण सन्धि

जब 'अ', 'आ' के पश्चात् 'इ' या 'ई' हो तो 'ए' हो जाता है, जैसे–

महा + ईश = महेश (आ + ई = ए)

गज + इन्द्र = गजेन्द्र (अ + इ = ए)

परम + ईश्वर = परमेश्वर (अ + ई = ए)

नर + ईश = नरेश (अ + ई = ए)

(३) वृद्धि सन्धि

(१) यदि 'अ', 'आ' के पश्चात् 'ए', 'ऐ' हो तो 'ऐ' हो जाता है, जैसे—

परम + ऐश्वर्य = परमैश्वर्य (अ + ए = ऐ)

तथा + एव = तथैव (अ + ए = ऐ)

एक + एक = एकैक (अ + ए = ऐ)

(२) यदि 'अ', 'आ' के पश्चात् 'ओ', 'औ' हो तो 'ओ' हो जाता है, जैसे—

गंगा + औषधि = गंगौषधि (अ + औ = ओ)

(३) यदि 'अ', 'आ' के पश्चात् 'उ', 'ऊ' हो तो 'ओ' हो जाता है, जैसे—

पर + उपकार = परोपकार (अ + उ = ओ)

सूर्य + उदय = सूर्योदय (अ = उ = ओ)

धर्म + उपदेश = धर्मोपदेश (अ + उ = ओ)

महा + उत्सव = महोत्सव (अ + उ = ओ)

गंगा + उर्मि = गंगोर्मि (अ + उ = ओ)

(४) यण सन्धि

(१) यदि 'इ', 'ई', के पश्चात् अन्य स्वर हो, तो 'इ', 'ई' के स्थान पर 'य' हो जाता है, जैसे—

यदि + अपि = यद्यपि (इ + अ = य)
इति + आदि = इत्यादि (इ + आ = या)
अति + उक्ति = अत्युक्ति (इ + उ = यु)
नि + ऊन = न्यून (इ + ऊ = यू)
प्रति + एक = प्रत्येक (इ + ए = ये)

(२) इ + अ = य; इ + आ = या; इ + उ = यु; इ + ऊ = यू; इ + ए = ये; इ + ऐ = यै; इ + अं = यं, जैसे—

यदि + अपि = यद्यपि (इ + अ = य)
अति + आवश्यक = अत्यावश्यक (इ + आ = या)
अति + उत्तम = अत्युत्तम (इ + उ = यु)
प्रति + उपकार = प्रत्युपकार (इ + उ = यु)
अभि + अंतर = अभ्यंतर (इ + अं = यं)

(३) उ + अ = व; उ + आ = वा; उ + इ = वि; अ + ई = वी; उ + ए = वे; उ + ऐ = वै; उ + अं = वं; उ + आं = वां; उ + ओ = वो; उ + औ = वौ; जैसे—

अनु + अव = अन्वय (उ + अ = व)
मधु + आलय = मध्वालय (उ + आ = वा)
गुरु + ओदन = गुर्वोदन (उ + ओ = वो)
सु + आगत = स्वागत (उ + आ = वा)
अनु + इत = अन्वित (उ + इ = वि)
अनु + एषण = अन्वेषण (उ + ए = वे)

(४) ऋ + आ = रा; ऋ + ई = री; ऋ + इ = रि; ऋ + उ = रु; ऋ + ए = रे; ऋ + ऐ = रै, जैसे—

पितृ + आज्ञा = पित्राज्ञा (ऋ + आ = रा)
पितृ + अर्थ = पितृर्थ (ऋ + अ = र)
मातृ + इच्छ = मात्रेच्छा (ऋ + इ = रे)
मातृ + एषण = मात्रेषण (ऋ + ए = रे)
मातृ + उपहार = मात्रुपहार (ऋ + उ = रु)

(५) अयादि सन्धि

'अयादि' का अर्थ होता है 'अय आवि' (इत्यादि), क्योंकि इस सन्धि में स्वरों का परिवर्तन अय्, आय्, अव्, आव् आदि रूपों में प्रकट होता है। इस सन्धि में स्वरों का परिवर्तन इस प्रकार होता है—

१. ए + अ = अय; ऐ + अ = आय; ए + आ = अया; ऐ + इ = आयि, जैसे—

ने + अन = नयन (ए + अ)
चे + अन = चयन (ए + अ)
नै + अक = नायक (ऐ + अ)
नै + इका = नायिका (ऐ + इ)
गै + अक = गायक (ऐ + अ)

२. ओ + अ = अव; ओ + आ = अवा; ओ + इ = अवि; ओ + व = आव; औ + इ = आवि; औ + उ = आवु, जैसे—

भौ + उक = भावुक (औ + इ)
नौ + इक = नाविक (औ + इ)
पौ + अक = पावक (औ + अ)
पो + अन = पवन (ओ + अ)
पौ + अव = पावक (औ + अ)

व्यंजन सन्धि

व्यंजन से स्वर या व्यंजन के मेल को 'व्यंजन सन्धि' कहते हैं। व्यंजन सन्धि अक्षरों के परिवर्तन इस प्रकार होते हैं—

नियम १

जिस वर्ग के पहले अक्षर (क्, च्, ट्, त् या प्) के बाद कोई स्वर या 'य', 'र', 'ल', 'व' में से कोई एक आये, तो वह अक्षर अपने ही वर्ग के तीसरे अक्षर में क्रमशः (ग्, ज्, ड्, द्, ब्) बदल जाता है, जैसे—

जगत् + आनन्द = जगदानन्द (त् + आ = दा)
अच् + अन्त = अजन्त (च् + अ = ज)
दिक् + अम्बर = दिगम्बर (क् + अ = ग)
अप + इन्धन = अबिन्धन (प + इ = बि)
तत् + रूप = तद्रूप (त् + र = द्रू)
उत् + योग = उद्योग (त् + यो = द्यो)
उत् + अय = उदय (त् + अ = द)

नियम २

किसी वर्ग के पहले अक्षर क्, च्, ट्, त् या प् के बाद उसी वर्ग का तीसरा या चौथा अक्षर ग, घ, ज, झ, ड, ढ, द, ध, ब या भ आये से पहला अक्षर क्, च्, ट्, त् या प् तीसरे अक्षर ग् ज्, ड्, द् या ब् में बदल जाता है, जैसे—

दिक् + गज = दिग्गज	(क् + ग = ग्ग)
दिक् + वधू = दिग्वधू	(क् + व = ग्व)
सत् + गति = सद्गति	(त् + ग = द्ग)
उत् + घाटन = उद्घाटन	(त् + घ = द्घ)
षट् + बिकार = षड्विकार	(ट् + व = ड्व)

नियम ३

किसी वर्ग के पहले अक्षर क्, च्, ट्, त्, या प् के बाद 'त्' या 'म' आये, तो पहला अक्षर अपने वर्ग के पांचवें अक्षर ङ्, ञ, ण्, न्, म् में बदल जाता है, जैसे—

वाक् + मय = वाङ्मय	(क् + म = ङ्म)
तत् + मय = तन्मय	(त् + म = न्म)
जगत् + नाथ = जगन्नाथ	(त् + न = न्न)

नियम ४

यदि 'म्' के बाद कोई स्पर्श व्यंजन 'क' से 'म' तक आये, तो 'म' का अनुस्वार या पंचम वर्ण हो जाता है, जैसे—

पम् + चम = पंचम या पञ्चम	सम + गम = संगम या सङ्गम
किम + चित् = किंचित् या किञ्चित्	अहम् + कार = अहंकार या अहङ्कार

नियम ५

यदि 'म' के बाद य, र, ल, व, श, ष, स, ह, आये, तो 'म्' अनुस्वार में बदल जाता है, जैसे—

सम् + सार = संसार	सम + योग = संयोग
सम् + शय = संशय	सम् + हार = संहार
सम् + वाद = संवाद	

नियम ६

यदि ह्रस्व स्वर के बाद 'छ' आये तो 'छ' बदलकर 'च्छ' हो जाता है, जैसे—

वि + छेद = विच्छेद	छत्र + छाया = छत्रच्छाया
परि + छेद = परिच्छेद	

नियम ७

यदि 'त्' या 'द्' के बाद 'श' आये, तो 'त्' या 'द' बदल जाता है 'च' में और 'श' बदल जाता है 'छ' में, पर यदि 'त्' या 'द्' के बाद 'ह' आये, तो 'त' या 'द्' बदल जाता है 'द्' में और 'ह' बदल जाता है 'ध' में, जैसे—

उत् + हार = उद्धार   उत् + शिष्ट = उच्छिष्ट
उत् + हत = उद्धत   तत् + हित = तद्धित
उत् + श्वास = उच्छ्वास   उत् + हरण = उद्धरण

नियम ८

(क) यदि 'त्' या 'द्' के बाद 'च' या 'छ' आये, तो 'त्, या 'द्' बदल जाता है 'च' में, जैसे—

उत् + छेद = उच्छेद
शरत् + चन्द्र = शरच्चन्द्र

(ख) यदि 'त्' या 'द्' के बाद 'ज' या 'झ' आये तो 'त्' या 'द्' का 'ज' हो जाता है, जैसे—

सत् + जन = सज्जन
विपत् + जाल = विपज्जाल

नियम ९

यदि 'त्' या 'द्' के बाद 'ल' आये, तो 'त्' या 'द्' बदल जाता है 'ल' में, जैसे—

उत् + लंघन = उल्लंघन   उत् + लेख = उल्लेख
तत् + लीन = तल्लीन   उत् + लास = उल्लास

विसर्ग सन्धि

विसर्ग के साथ स्वर या व्यंजन के मेल को 'विसर्ग सन्धि' कहा जाता है । विसर्ग सन्धि में अक्षरों के परिवर्तन इस प्रकार होते हैं—

नियम १

'इ' या 'उ' के बाद विसर्ग आये और विसर्ग के पश्चात् 'र' रहे तो विसर्ग का लोप हो जाता है और 'इ' या 'उ' बदल कर 'ई' या 'ऊ' (दीर्घ) हो जाता है, जैसे—

नि: + रस = नीरस
नि: + रव = नीरव
नि: + रोग = नीरोग
नि: + रज = नीरज

नियम २

विसर्ग के बाद 'च-छ', 'ट-ठ' या 'त-थ' आये तो विसर्ग क्रमश: 'श', 'ष' और 'स' में बदल जाता है, जैसे—

नि: + चय = निश्चय
नि: + ठुर = निष्ठुर
नि: + चल = निश्छल
नि: + चिन्त = निश्चिन्त
धनु: + टंकार = धनुष्टंकार
नि: + चेष्ट = निश्चेष्ट
नि: + तार = निस्तार
दु: + तर = दुस्तर

नियम ३

इकार या उकार के बाद विसर्ग आये और विसर्ग के बाद 'क', 'ख', 'प', या 'फ' रहे तो विसर्ग बदल जाता है 'ष' में, जैसे—

ति: + कपट = निष्कपट
नि: + कर्म = निष्कर्म
नि: + फल = निष्फल
नि: + पाप = निष्पाप
नि: + काम = निष्काम

नियम ४

'अ' के बाद विसर्ग आये और विसर्ग के बाद 'क' 'ख', 'प' या 'फ' हो तो विसर्ग का लोप नहीं होता, जैसे—

अन्त: + करण = अन्त:करण
अन्त: + पुर = अन्त:पुर
अध: + पतन = अध:पतन
पय: + पान = पय:पान
प्रात: + काल = प्रात:काल

नियम ५

(क) 'अ' के बाद विसर्ग आये और विसर्ग के बाद वर्ग का तीसरा, चौथा या पाँचवाँ अक्षर (ग, घ, ङ, ज, झ, ञ, ड, ढ, ण, द, ध, न, ब, भ, म) रहे तो 'अ' बदल जाता है 'ओ' में और विसर्ग का लोप हो जाता है, जैसे—

सर: + ज = सरोज
तेज: + मय = तेजोमय
मन: + गति = मनोगति
पय: + धर = पयोधर
अध: + गति = अधोगति
यश: + दा = यशोदा
यश: + गान = यशोगान
यश: + धरा = यशोधरा

नियम ६

विसर्ग के पहले 'अ-आ' को छोड़कर कोई दूसरा स्वर आये और विसर्ग के बाद कोई स्वर रहे तो विसर्ग 'र' में बदल जाता है, जैसे—

दुः + आत्मा = दुरात्मा
निः + उपाय = निरुपाय
निः + अर्थक = निरर्थक
निः + ईह = निरीह
निः + आशा = निराशा

नियम ७

विसर्ग के पहले 'अ-आ' को छोड़कर कोई दूसरा स्वर आये और विसर्ग के बाद 'य', 'र', 'ल', 'व', 'ह' या किसी वर्ग का तीसरा, चौथा या पाँचवाँ अक्षर (ग, घ, ङ, ज, झ, ञ, ड, ढ, ण, द, ध, न, ब, भ, म) रहे तो विसर्ग बदल जाता है 'र' अर्थात् 'रेफ' में, जैसे—

निः + गुण = निर्गुण
निः + जल = निर्जल
निः + धन = निर्धन
दुः + नीति = दुर्नीति
निः + जन = निर्जन
निः + मल = निर्मल
निः + झर = निर्झर
दुः + गन्ध = दुर्गन्ध
निः + विकार = निर्विकार
निः + दय = निर्दय

सन्धि-कोश

स्वर सन्धि

अ + नि + आय = अन्याय
अभि + उदय = अभ्युदय
अनु + अय = अन्वय
अनु + एषण = अन्वेषण
अति + अधिक = अत्यधिक
अति + चार = अत्याचार
अति + अन्त = अत्यन्त
अन्य + अन्य = अन्यान्य
अभि + आगत = अभ्यागत
आत्म + उत्सर्ग = आत्मोत्सर्ग
पो + इत्र = पवित्र
श्रौ + अन = श्रावण
अनु + इत = अन्वित
आदि + अन्त = आद्यन्त
ईश्वर + इच्छा = ईश्वरेच्छा
उपरि + युक्त = उपर्युक्त
एक + एक = एकैक
देव + ऋषि = देवर्षि
देवी + आगम = देव्यागम
नदी + अम्बु = नद्यम्बु
नार + अयन = नारायण
नि + अन = न्यून
ने + अन = नयन
नै + अक = नायक
नौ + इक = नाविक
पौ + अन = पावन
प्रति + एक = प्रत्येक
प्रति + उत्तर = प्रत्युत्तर
प्रति + अय = प्रत्यय
प्रति + अक्ष = प्रत्यक्ष
पद + उन्नति = पदोन्नति
पुनः + उक्ति = पुनरुक्ति
भो + अन = भवन
मनु + अन्तर = मनवन्तर
भौ + उक = भावक
यथा + उचित = यथोचित
मधु + आसव = मध्वासव
वधू + ऐश्वर्य = वध्वैश्वर्य
लोक + उक्ति = लोकोक्ति
वि + आयाम = व्यायाम
वि + उत्पत्ति = व्युत्पत्ति
वि + अर्थ = व्यर्थ
सु + आगत = स्वागत
स + अवधान = सावधान

व्यंजन सन्धि

अप + ज = अब्ज
अच + अन्त = अजन्त
अप + मय = अम्मय
आकृष + त = आकृष्ट
आ + छादन = आच्छादन
उत् + श्वास = उच्छ्वास
उत् + हार = उद्धार
उत् + नायक = उन्नायक
उत् + नीति = उन्नति
उत् + हृत = उद्धत
उत् + लंघन = उल्लंघन
उत् + गम = उद्गम
उत् + याम = उद्याम
किम् + चित = किंचित
परि + छेद + परिच्छेद
षट् + दर्शन = षड्दर्शन
सत् + मन = सन्मन
उत् + चारण = उच्चारण
उत् + अय = उदय
उत् + मत्त = उन्मत्त
उत् + ज्वल = उज्ज्वल
उत् + शिष्ट = उच्छिष्ट
उत् + नयन = उन्नयन
उत् + योग = उद्योग
तत् + लीन = तल्लीन
तत् + आकार = तदाकार
दिक् + गज = दिग्गज
दिक् + अम्बर = दिगम्बर
पस् + चम = पंचम
पृष् + थ = पृष्ठ
प्रति + छाया = प्रतिच्छाया
परम् + तु = परन्तु
युधि + स्थिर = युधिष्ठिर
सत् + आनन्द = सदानन्द
सत् + गुरु = सद्गुरु
सत् + जन = सज्जन
सम् + कल्प = संकल्प
सम् + चय = संचय
सम + धि = सन्धि

विसर्ग सन्धि

अन्तः + पुर = अन्त:पुर
अधः + गति = अधोगति
अन्तः + निहित = अन्तर्निहित
आशीः + वाद = आशीर्वाद
आविः + कार = आविष्कार
तेजः + पुंज = तेजोपुंज
तपः + भूमि = तपोभूमि
दुः + शासन = दुश्शासन
दुः + नीति = दुर्नीति
दुः = ग + दुर्ग
दुः + तर = दुस्तर
दुः + वह = दुर्वह
दुः + कर = दुष्कर
नमः + कार = नमस्कार
निः + छल = निश्छल
निः + सार = निस्सार
निः + आधार = निराधार
निः + पाप = निष्पाप
निः + अर्थक = निरर्थक
निः + चय = निश्चय
निः + कपट = निष्कपट
निः + रव = नीरव
निः + रोग = नीरोग
पुरः + कार = पुरस्कार
पयः + धि = पयोधि
परिः + कार = परिष्कार
प्रातः + काल = प्रात:काल
पयः + पान = पय:पान
मनः + ज = मनोज
मनः + गत = मनोगत
यशः + दा = यशोदा
स्वः + ग = स्वर्ग
श्रेयः + कर = श्रेयस्कर

हिन्दी के शुद्ध-अशुद्ध रूप

प्राय: यह देखा गया है कि शिक्षार्थी एवं परीक्षार्थी हिन्दी के शुद्ध और अशुद्ध रूप में भेद नहीं कर पाते, फलत: उनके लेख में वर्ण सम्बन्धी अनेक त्रुटियाँ हो जाती हैं। ऐसे ही किन्हीं शब्दों की ओर ध्यान आकृष्ट किया जा रहा है।

अशुद्ध शब्द	शुद्ध शब्द	अशुद्ध शब्द	शुद्ध शब्द
अत्याधिक	अत्यधिक	प्रमाणिक	प्रामाणिक
अनुगृहीत	अनुग्रहीत	नीत्योपदेश	नीत्युपदेश
आधीन	अधीन	भगवत्	भागवत
अस्तुति	स्तुति	महत्त्व	महत्व
आर्शीवाद	आशीर्वाद	भ्रातागण	भ्रातृगण
आक्रष्ट	आकृष्ट	मुनीजन	मुनिजन
इतिहासिक	ऐतिहासिक	माधुर्यता	माधुर्य
कलेश	क्लेश	रक्खा	रखा
कीरति	कीर्ति	रचियिता	रचयिता
जाग्रत	जागृत	व्यवहारिक	व्यावहारिक
कवयत्री	कवयित्री	व्योपार	व्यापार
क्षात्र	छात्र	हिंदी	हिन्दी
अवश्यकीय	आवश्यक	स्त्रीयाँ	स्त्रियाँ
बृज	ब्रज	सोजन्यता	सोजन्य
जमुना	यमुना	साहस्य	साहस
तत्त्व	तत्व	सम्वत	संवत्
दुरावस्था	दुरवस्था	सम्वाद	संवाद
प्रगट	प्रकट	स्वायत	स्वायत्त
दृष्टा	द्रष्टा	सामर्थ	सामर्थ्य
द्रष्य	दृश्य	स्वास्थ	स्वास्थ्य
निरोग	नीरोग	लीजिये	लीजिए
परिणित	परिणत	स्वस्थ्य	स्वस्थ
पूज्यनीय	पूजनीय/पूज्य		

मुद्रण-फलक शोधन

मुद्रण-फलक शोधन की व्याख्या—मुद्रण-फलक शोधन एक कला है। अन्य कलाओं की भांति इस कला में भी अभ्यास तथा प्रशिक्षण से निपुणता प्राप्त की जा सकती है। प्रकाशित होने के पूर्व किसी रचना के मुद्रण-फलक को मुद्रणालय के निमित्त शोधित करने का कार्य मुद्रण-फलक शोधन (प्रूफ रीडिंग) कहलाता है।

मुद्रण-फलक शोधन-कार्य का महत्त्व—कोई रचना कितनी ही विद्वत्ता-पूर्ण क्यों न हो, किन्तु यदि मुद्रण-फलक शोधक (Proof-Reader) की उपेक्षा, असावधानी या लापरवाही से कुछ गलतियां रह जाती हैं, तो समस्त लेख ही त्रुटिपूर्ण हो जाता है। अशुद्ध मुद्रित पुस्तकों से कभी-कभी बड़ी भ्रान्तियां उत्पन्न हो जाती हैं और प्रायः पृथक् से एक शुद्धि-पत्र लगाना होता है; जिससे पाठकों को भी बहुत असु-विधा होती है। साथ ही अशुद्ध छपाई से पाठक का ध्यान विषय से हट कर अशुद्धि की ओर चला जाता है इससे उसकी एकाग्रता नष्ट हो जाती है। अतः किसी भी प्रकाशन के लिए मुद्रण-फलक शोधन का कार्य अत्यन्त ही महत्त्वपूर्ण है।

मुद्रण-फलक शोधक की आवश्यकता—वस्तुतः मुद्रयोजक (Composi-tor) उच्च साहित्यिक योग्यता के नहीं होते, और न उनके इस यंत्रवत् कार्य के निमित्त उच्च योग्यता की अपेक्षा ही की जाती है अतः किसी भी रचना के शुद्ध मुद्रण का उत्तरदायित्व मुद्रण-फलक शोधक ही पर होता है।

प्राविधिक ज्ञान—भाषा तथा साहित्य के ज्ञान के अतिरिक्त मुद्रण-फलक शोधक के लिये मुद्रयोजक के कार्य का प्राविधिक (Technical) ज्ञान होना भी आव-श्यक है। शोधक की दृष्टि तीव्र होनी चाहिये तथा उसे प्रत्येक त्रुटि या टाइप की यान्त्रिक अशुद्धता को पकड़ने के लिए सदैव तत्पर रहना चाहिये। उसे वाक्य, वाक्यांश एवं शब्द के प्रत्येक अक्षर की निकटता से जांच करनी चाहिये। इस कार्य के लिए अभ्यास की आवश्यकता होती है।

मुद्रण योजना—मुद्रण-फलक शोधक को केवल शब्दों, अक्षरों या अंकों की त्रुटियाँ ही नहीं देखनी होती हैं, अपितु उसे इस बात का भी ध्यान रखना होता है कि शब्दों के बीच का अन्तर तथा पंक्तियों के बीच में छूटा स्थान ठीक है अथवा नहीं। मुद्रण (types) कहीं अधिक मोटी या पतली तो नहीं लग गई हैं, उपांत के लिए पर्याप्त स्थान दिया गया है या नहीं, तथा जिस आकार के कागज पर सामग्री मुद्रित होनी है

उसके लिए यह मुद्रण-योजना (composing) ठीक रहेगी अथवा नहीं, आदि ।

शब्दों तथा पंक्तियों के बीच का अन्तर—मुद्रण-फलक शोधक को इस बात का विशेष ध्यान रखना चाहिये कि कहीं बहुत अधिक निकट छपे शब्दों को पढ़ने में पाठकों को कठिनाई तो नहीं होती और उसे धीरे-धीरे रुककर पढ़ना तो नहीं पड़ता है । प्रायः ऐसी रचनाओं को पढ़ते-पढ़ते पाठक बहुत जल्दी ऊब जाते हैं और उनके नेत्रों पर भी अधिक बल पड़ता है । अतः शब्दों तथा अक्षरों का अंतर बहुत ही कम न होना चाहिये। इसी प्रकार पंक्तियों के मध्य भी बहुत कम अंतर रखने से प्रायः पाठक उसी पंक्ति को दुबारा पढ़ने लगते हैं । अतः शब्दों के साथ ही पंक्तियों में भी पर्याप्त अंतर देना चाहिये । बहुत दूर-दूर छपे शब्द तथा अधिक अंतर देकर छपी पंक्तियाँ भी पाठकों के लिये असुविधाजनक होती हैं । अतः इसका भी ध्यान रखना आवश्यक है ।

शब्दों के टुकड़े करना—शब्दों के बीच में बराबर स्थान देने के निमित्त प्रायः किसी पंक्ति के अंतिम शब्द के टुकड़े करने पड़ जाते हैं । इस संबंध में, जहाँ तक सम्भव हो, दो या तीन अक्षरों तक के छोटे शब्दों को तोड़ा न जाय । बड़े शब्दों को भी, जिनका तोड़ना आवश्यक ही हो जाय, इस प्रकार तोड़ना चाहिये जिसमें एक पंक्ति के अंत का टुकड़ा ऐसा हो जिससे शेष टुकड़े का आसानी से आभास मिल सके । जैसे "प्रसन्नता" शब्द "प्रस + न्नता" की अपेक्षा "प्रसन्न + ता", अधिक अच्छा होगा ।

शोधन चिह्न—मुद्रण-फलक शोधन के निमित्त संलग्न तालिका में चिह्न दिये गये हैं । ये चिह्न दो प्रकार के होते हैं : एक तो वे जो सामग्री के अंदर उस स्थान पर बनाये जाते हैं जहाँ शोधन करना होता है, दूसरे वे हैं जो उपान्त में बनाये जाते हैं । सुविधा की दृष्टि से उन्हें निम्नलिखित शीर्षकों में विभाजित कर दिया गया है :

(क) सामान्य

(ख) विरामादि चिह्न

(ग) अंतर

(घ) पंक्तियाँ

(ङ) मुद्रण (टाइप)

लेखक द्वारा मूल सामग्री में परिवर्तन—मुद्रण-फलक शोधन तथा मुद्रण-फलक तैयार हो जाने पर सामग्री में परिवर्तन, यह दो विभिन्न कार्य हैं । जहाँ तक संभव हो इस स्थिति में मूल सामग्री में परिवर्तन नहीं करना चाहिये । इससे मुद्रकों को अत्यन्त असुविधा होती है । परन्तु, यदि आवश्यकता हो तो, जहाँ तक संभव

हो सके, जिस शब्द को बदलना हो उसके स्थान पर उतने ही अक्षरों का दूसरा शब्द रखा जाना चाहिये। यदि पंक्ति बदलनी हो तो उतनी ही लम्बाई की दूसरी पंक्ति रखी जाये अन्यथा समस्त परिच्छेद दुबारा ठीक करना पड़ेगा। इसी दृष्टि से हस्तलेख तैयार करने के सम्बन्ध में आगे पृथक् से सुझाव दे दिये गये हैं।

शोधन अनुदेश—उपर्युक्त बातों के अतिरिक्त शोधन करते समय निम्न बातों को भी ध्यान में रखा जाय :

१—समस्त शोधन, सामग्री के उपांत में ही लिखे जायँ,

२—शोधन जिस पंक्ति का हो उसके सामने ही उपांत में लिखा जाय,

५—यदि किसी पंक्ति में दो या अधिक शोधन हों तो उन्हें बायें तथा दायें उपांत में निकटता का ध्यान रख कर विभाजित कर दिया जाय, किन्तु उनका क्रम बायें से दाहिने ओर ही रहेगा, चाहे वे किसी भी ओर क्यों न अंकित किये गये हों,

४—यदि स्थानाभाव के कारण कोई शोधन पंक्ति के सामने उपांत में न दिया जा सके, और उसे अन्य किसी स्थान पर लिखना पड़े तो वहाँ स्पष्ट निर्देश कर देना चाहिये कि वह किस पंक्ति का है, अथवा उसे एक रेखा द्वारा उस स्थान से सम्बद्ध कर देना चाहिये,

५—ऐसे सभी शोधनों को, जिनमें मुद्रणालय के निमित्त अनुदेश दिये गये हों, एक गोलावृत्त के अन्दर लिखना चाहिये।

मुद्रण-फलक परीक्षण—मुद्रणालय द्वारा मुद्रण-फलक के समस्त शोधन ठीक करने के पश्चात्, परीक्षण, उपांत में दिये प्रत्येक शोधन को देखकर करना चाहिये, जिससे इस बात की पुष्टि हो जाय कि यथा-निर्देशित समस्त शोधन कर दिये गये हैं।

लिनोटाइप सामग्री का शोधन—यदि सामग्री लिनोटाइप द्वारा मुद्रयोजित हुई हो तो जिस पंक्ति में संशोधन किया गया हो, उस पंक्ति की जांच करनी चाहिये, क्योंकि लिनोटाइप में एक अशुद्धि ठीक करने के लिए पूरी पंक्ति ही बदलनी पड़ती है।

पुनरीक्षण—यदि मुद्रण-फलक शोधन करते समय सामग्री में कोई शब्द या वाक्यांश जोड़ा या कम किया गया हो, तो यह सम्भव है कि ऐसा करने से शेष परिच्छेद पुनः संयोजित किया गया हो। अतः परीक्षण करते समय उसकी भी जांच कर लेनी चाहिये।

हस्तलेख को तैयार करना—मुद्रण के लिए हस्तलेख तैयार करते समय अग्रलिखित बातों का ध्यान रखना आवश्यक है :

(१) हस्तलेख को कागज के एक ओर दो पंक्तियों के बीच में एकहरा अन्तर देकर टंकित करा लेना चाहिये। यदि टंकित कराना किसी प्रकार सम्भव न हो तो उसे स्वच्छता से पूर्ण सुवाच्य अक्षरों में लिख लिया जाय,

(२) हस्तलेख (अथवा टंकित प्रति) सामान्य आकार के कागज पर दाहिनी ओर कम से कम २५ मि० मी० का उपान्त छोड़ कर तैयार किया जाय,

(३) प्रत्येक पृष्ठ पर ऊपर बीच में क्रमसंख्या क्रमशः लिखी जाय तथा पृष्ठों को दाईं ओर मजबूती से बांध दिया जाय। यदि हस्तलेख में अधिक संख्या में पृष्ठ हों तो उसके अलग-अलग भाग (लगभग २४ का प्रत्येक) बनाये जायें और फिर उन्हें बांध दिया जाय,

(४) पृष्ठों पर संख्या डाल चुकने के बाद यदि किसी ऐसे परिच्छेद को हटाना हो, जो हस्तलेख के एक पूरे पृष्ठ पर हो तो उस परिच्छेद को सफाई से काट कर यह पृष्ठ वैसे ही लगा रहने दिया जाय,

(५) मुद्रण के लिए भेजने से पूर्व हस्तलेख का सावधानी से पुनरीक्षण कर लिया जाय। यदि उसमें कोई शोधन करने हों तो उन्हें लेख के अन्दर ही करना चाहिये, उपान्त में नहीं। यदि अधिक संशोधन हो गये हों तो उन्हें दुबारा लिख दिया जाय अथवा टाइप करा दिया जाय। हस्तलेख मुद्रणार्थ भेजते समय अंतिम रूप से संशोधित होना चाहिए,

(६) यदि मुद्रण के लिए कोई मुद्रित सामग्री भेजनी हो और उसमें संशोधन करना हो तो संशोधन को उपान्त में लिखा जा सकता है। यदि इससे उपान्त में स्थान कम रह जाय तो कागज चिपका कर उपान्त बढ़ा लिया जाय।

मुद्रण फलक शोधन चिन्ह
तथा
उनकी व्याख्या

क्रम संख्या	मुद्रण फलक शोधन चिह्न		व्याख्या
	मुद्रित सामग्री में	उपान्त में	
		(क) सामान्य	
१	——— बदले जाने वाले शब्द को काटते हुए बेड़ी रेखा	बदलकर रक्खा जाने वाला दूसरा शब्द तथा अन्त में / चिन्ह	शब्द बदलकर दूसरा शब्द रखिए।
२	/ बदले जाने वाले अक्षर को काटते हुए तिरछी रेखा	बदलकर रक्खा जाने वाला दूसरा अक्षर तथा उसके अन्त में / चिह्न।	अक्षर बदलकर दूसरा अक्षर रखिए।
३	/	ð/	निकाल दीजिए।
४	⸜	⸜	नयी सामग्री जोड़ने का चिह्न।
५	------ यथावत् रहने वाले अक्षरों या शब्दों के नीचे	Stet	मुद्रित वस्तु यथावत् रहने दी जाय।
६	൭ उल्टे छपे अक्षरों के लिए वृत्त बनाइये।	൭	टाइप (मुद्रा) उलटकर सीधी रखिए।

क्रम संख्या	मुद्रण फलक शोधन चिह्न		व्याख्या
	मुद्रित सामग्री में	उपान्त में	
७	बदलने के लिए अक्षरों पर वृत्त बनाइये	×	टूटे अक्षरों को बदलिए।
८	शब्दों या अक्षरों के बीच में		शब्दों या अक्षरों का क्रम बदलिये।
९	अपूर्ण शब्दों या वाक्यांशों पर वृत्त बनाइये।	sp	संक्षिप्त शब्दों या वाक्यांशों का वर्णविन्यास लिखिए।
१०	अपेक्षित स्थान पर रखिए	See Copy	हस्तलेख के छूटे हुए अंशों को जोड़िये।
			टिप्पणी—मुद्रण फलक के साथ हस्तलेख का सम्बन्धित अंश भी लौटा दिया जाय, जिसमें छूटा अंश स्पष्ट रूप से दिखा दिया जाय।
११	शब्द विशेष आदि पर वृत्त बनाइये।	?	किसी सामग्री को जिसकी उपयुक्तता या परिशुद्धता संदिग्ध हो, उचित प्राधिकारी को निर्देश कीजिए।
१२	/	/	एकसी पंक्ति के विभिन्न संशोधनों को उपान्त में पृथक करने का चिह्न।

क्रम संख्या	मुद्रण फलक शोधन चिह्न		व्याख्या
	मुद्रित सामग्री में	उपान्त में	
		(ख) विरामादि चिह्न	
१३	ʟ	(।) ʟ	पूर्ण विराम रखिए। टिप्पणी—यदि किसी चिन्ह को बदलकर उसके स्थान पर पूर्ण विराम रखना हो तो चिह्न के बजाय दोनों स्थानों पर चिन्ह लगाया जायगा।
१४	ʟ	(,) ʟ	स्वल्प विराम (,) रखिए।
१५	ʟ	(:) ʟ	उप विराम (:) रखिए।
१६	ʟ	; ʟ	अर्ध विराम (;) रखिए।
१७	ʟ	? ʟ	प्रश्नवाचक चिह्न (?) रखिए।
१८	ʟ	! ʟ	विस्मयादि बोधक चिह्न (!) रखिए।
१९	ʟ ʟ	‘ʟ ’ʟ	एक से उद्धरण चिह्न रखिए।
२०	ʟ ʟ	“ʟ ”ʟ	दोहरे उद्धरण चिह्न रखिए।
२१	ʟ	(...) ʟ	तीन बिन्दु निर्देशक रखिए।

क्रम संख्या	मुद्रण फलक शोधन चिह्न		व्याख्या
	मुद्रित सामग्री में	उपान्त में	
२२	ʎ	····· ʎ	कुछ बिन्दु (·····) रखिए।
२३	ʎ ʎ	(/) ʎ	एक तिरछी रेखा रखिए।
२४	ʎ ʎ	[/]	बड़े ब्रेकेट रखिये।
२५	ʎ ʎ	{/}	मझले ब्रेकेट रखिये।
२६	ʎ ʎ	(/)	छोटे ब्रेकेट रखिये।
२७	ʎ	|-ʎ	हाइफन (-) रखिए।
२८	ʎ	|—|ʎ	डैश (—) रखिए।
२९	ʎ	2 em	दो एम (——) डैश रखिए।
३०	शब्दों के नीचे रेखा	(insert rule)	शब्द या शब्दों के नीचे रेखा खींचिये।
३१	जहाँ आवश्यक हो रेखा खींचिए।	(rule)	रेखा खींचिये।
३२	ʎ	$\overline{ʎ}$	ऊपर अंक रखिये।
३३	बदले जाने वाले शब्दों या अंक पर वृत्त बनाइये ○	$\overline{ʎ}$	बदलकर ऊपर अंक रखिये।
३४	ʎ	$\underline{ʎ}$	नीचे अंक रखिये।
३५	बदले जाने वाले शब्दों या अंकों पर वृत्त बनाइये ○	$\underline{ʎ}$	बदलकर नीचे अंक रखिये।

क्रम संख्या	मुद्रण फलक शोधन चिह्न		व्याख्या
	मुद्रित सामग्री में	उपान्त में	
		(ग) शब्दों में स्थान अन्तर	
३६	/	#	अन्तर (#) रखिए।
३७	हटाने के/ लिए शब्द या अंक को तिरछी रेखा से काटिये	∂/ #	निकालिये और अन्तर रखिये।
३८	शब्दों के ∟ बीच में	(# =)	अन्तर बराबर कीजिए।
३९	शब्दों के ∟ बीच में	# ∟	शब्दों के बीच में अन्तर कम कीजिए।
४०	⁀ अक्षरों को जोड़ते हुए	⁀/	अक्षरों को मिलाइये, अक्षरों के बीच का अन्तर हटाइयें।
४१	/ जहाँ अन्तर ⁀ तथा अक्षरों को मिलाना आवश्यक है।	# ⁀/	अन्तर दीजिए तथा अक्षरों को मिलाइये।
४२	⁀ जहाँ अक्षरों को मिलाना तथा अन्तर देना आवश्यक है।	⁀/#	अक्षर मिलाइये तथा अन्तर दीजिए।
४३	↕ निकाले जाने वाले अक्षर के ऊपर तथा नीचे	∂⁀	निकाल दीजिए और मिलाइये।

क्रम संख्या	मुद्रण फलक शोधन चिह्न		व्याख्या
	मुद्रित सामग्री में	उपान्त में	
४४	अक्षरों को मिलाते हुए ⁀	⁀	पृथक अक्षर के स्थान पर संयुक्त अक्षरों का प्रयोग कीजिए (जैसे क्त)
४५	पंक्तियों के बीच में रेखा	# >	पंक्तियों या परिच्छेदों के बीच अन्तर दीजिए।
४६	उभरे हुए अन्तर के टाइप पर वृत्त खींचिए। ○	⊥	अन्तर के टाइप को नीचे कीजिये।
		(घ) पंक्तियाँ	
४७	‖	‖	खड़ी पंक्तियाँ सीधी कीजिए।
४८	// उन टेढ़ी पंक्तियों के मध्य में जिन्हें सीधा करना है, रेखा खींचिए	//	पंक्तियाँ सीधी कीजिए।
४९	↑ उन पंक्तियों के ऊपर, जिन्हें ऊपर उठाना है।	↑	पंक्ति को ऊपर उठाइये।
५०	जिस भाग को ऊपर उठाना है उसे ⊔ चिह्न के अन्दर रखिए	⊔	वर्तमान सामग्री से पृथक करने के लिए ऊपर उठाइये।
५१	उस पंक्ति के नीचे जिसे नीची करना है।	↓	पंक्ति नीची कीजिए।

क्रम संख्या	मुद्रण फलक शोधन चिह्न — मुद्रित सामग्री में	मुद्रण फलक शोधन चिह्न — उपान्त में	व्याख्या
५२	जिस भाग को नीचे करना है उसे ⊓ चिन्ह के अन्दर रखिए।	⊓	वर्तमान सामग्री से पृथक करने के लिए नीचा कीजिए।
५३	\ / चिन्ह से स्थिति दिखाइये।	\ /	पंक्तियों के मध्य में रखिये।
५४	[	□/	एक एम स्थान दीजिए।
५५	[	□□	दो एम स्थान दीजिये।
५६	[जिन पंक्तियों को हटाना है उनके बाँई ओर यह चिह्न लगाइये।	[	पंक्तियाँ दाहिनी ओर हटाइये।
५७	] जिन पंक्तियों को हटाना हो उनके दाहिनी ओर यह चिह्न लगाइये।	]	पंक्तियाँ बाँई ओर हटाइये।
५८	[	[/	एक पंक्ति के अन्त में से अक्षर या शब्द हटाकर अगली पंक्ति के प्रारम्भ में रखिए।
५९	]	]/	एक पंक्ति के प्रारम्भ के अक्षर या शब्द को हटाकर पिछली पंक्ति के अन्त में रखिये।
६०	__/‾‾ नये परिच्छेद के प्रथम शब्द के पहले।	__/‾‾	नये परिच्छेद से प्रारंभ कीजिए।

क्रम संख्या	मुद्रण फलक शोधन चिह्न		व्याख्या
	मुद्रित सामग्री में	उपान्त में	
६१	परिच्छेदों के बीच में।		परिच्छेदों को मिलाइये।
६२	अपेक्षित स्थिति की सीमाओं पर। [ ]	[ ]	सामग्री को इस प्रकार हटाइये कि निर्दिष्ट स्थिति के अन्दर आ जाय।
६३	अक्षरों या शब्दों के नीचे रेखा खींचिए।	ital	तिरछे अक्षरों से बदलिये।
६४	बदले जाने वाले अक्षरों पर वृत्त खींचिए। ○	wf	( ) ठीक प्रकार के टाइप ( ) का अक्षर रखिए।
६५	| सामग्री के बाईं ओर खड़ी रेखा खींचिए।	small type	इससे छोटे टाइप में बदलिये।
६६	„	big type	इससे बड़े टाइप में बदलिये।

	चिह्न	उदाहरण
१	प्रथम /	इस तालिका का यह आरम्भिक उदाहरण है।
२	ट/	अशुद्ध अक्षर को बदलने के लिए उसे एक रेखा से काम दीजिये।
३	∂	अधिक छपे हुए शब्दों को हहटा दीजिये।
४	नयी/	यह उदाहरण नयी सामग्री जोड़ने के लिए है।
५	(Stet)	शुद्ध शब्द को काट देने पर उसके नीचे बिन्दुओं से एक रेखा खींचिए।
६	×	टूटे हुए टाइप के अक्षरों को बदलने के लिए चिह्न उपान्त में अंकित है।
७	⊚	उल्टे छपे हुए शब्द को एक वृत्त बनाकर दिखाइये।
८	⊔⊓	शब्दों या अक्षरों का क्रम बदल जाने पर उन्हें करने ठीक के लिए इस चिह्न का प्रयोग कीजिये।
९	Sp. Sp.	संक्षिप्त शब्दों तथा अंकों जैसे न० पै० या १०० का सम्पूर्ण वर्ण विन्यास लिखिये।
१०	(See Copy)	हस्तलेख के छूटे को मूल प्रति में देखकर
११	(?)	यदि किसी शब्द की परिशुद्धता पर ही आशंसय हो तो उसे उचित प्राधिकारी से पूछना चाहिये।
१२	∂/⊓	मुद्रणालयम के कर्मचारियों के येलि इस कला का ज्ञान अनिवार्य होना चाहिए।

	चिह्न	उदाहरण
१३	⊙/ ⊙/	प्रत्येक वाक्य के समाप्त होने पर पूर्ण विराम देना आवश्यक है / प्रायः कई लोग उसे अधिक महत्व नहीं देते हैं /
१४	,/	धर्म, अर्थ / काम और मोक्ष, ये चार पुरुषार्थ कहे जाते हैं ।
१५	(:)/	साहसी तथा शक्ति सम्पन्न बनो / न किसी से डरो और न किसी को भयभीत करो ।
१६	;/	मुक्ति प्राप्त करना मानव जीवन का अन्तिम लक्ष्य है / अतः ऐहिक उन्नति के साथ साथ पारलौकिक उन्नति के लिए भी मनुष्य को प्रयत्न करना चाहिए ।
१७	?/	क्या आपने कभी विचार किया है कि आपके जीवन का उद्देश्य क्या है /
१८	!/	अरे / तुम अभी तक क्या करते रहे ?
१९	‘/ ’/	प्रत्येक सरकारी कर्मचारी को / सरकारी कर्मचारियों की आचरण नियमावली / अवश्य ही पढ़ लेना चाहिए ।
२०	“/ ”/	यह सत्य है कि / आवश्यकता आविष्कार की जननी है । /
२१	(...)/	विषय सूची ... पृष्ठ प्रस्तावना .... १ राष्ट्रीय गीत / / ५
२२	../	उत्तर प्रदेश के मंत्री पं० कमलापति त्रिपाठी ने लिखा है कि अल्प भोजन, पर्याप्त निद्रा, मन का प्रसाद, आन्तरिक शान्ति / यह हैं स्वास्थ्यपूर्ण दीर्घायुष्य के मेरे अनुभव सूत्र ।’

	चिह्न	उदाहरण
२३	① /	कृपया अपने पत्र संख्या ३०२ (क) / ५७ को देखें।
२४	] /	हल करो [२ क – ६ ख { २२ – (क ख) } – क /
२५	{ /	[२ क – ६ ख / २२ – (४ ख)} – क]
२६	(/	[२ क – ६ ख { २२ – / ४ ख) } – क]
२७	|--- /	स्वातंत्र्य/ संग्राम समारोह
२८	|—| /	जीवन एक फूल है और प्रेम उसका मधु। / विक्टर ह्यूगो।
२९	2 em |—| /	जीवन एक फूल है और प्रेम उसका मधु। / विक्टर ह्यूगो।
३०	(insert rule)	लेख में अत्यन्त महत्वपूर्ण शब्दों को रेखांकित कर देना चाहिए।
३१	(rule)	<u>विज्ञप्ति</u>
३२	^{2}/	(क + ख)/ = क^{२} + ख^{२} + २ क ख
३३	^{2}/	(क – ख) ③ क^{२} + ख^{२} – २ क ख
३४	$_2$/	जल का रासायनिक सूत्र H/O है।
३५	$_2$/ $_4$/	गंधक का तेजाब, जिसका रासायनिक सूत्र H②S o④ है, उद्योगों के लिए अत्यन्त महत्वपूर्ण है
३६	#	शब्दों के मध्य में थोड़ा अन्तर देकर लिखना चाहिए।
३७	ϑ #	हरि/हर नाथ

	चिह्न	उदाहरण
३८	(# =)	गुलाब L के फूल से मैंने पूछा, "तुम इतने प्रसन्न L कैसे रहते L हो ?"
३९	# L	फूल बोला, "मैं L अपने L पास L चिन्ता और शंका को नहीं आने देता ।"
४०	⊃/⊃/	प्रत्येक श ब्द के सभी अक्षर मिला कर लिखिए ।
४१	# ⊃/	ईरान के राजा साइंस को|म पनी
४२	⊃ #/	फौज के प्रत्ये कसैनिक का नाम याद था ।
४३	कि	पृथ्वी का सबसे भाकुरी पदार्थ प्लेटिनम है ।
४४	(ते)	रविवार दिनांक २ नवम्बर को जीवित कुतेते सहित एक रूसी उपग्रह छोड़ा गया ।
४५	# > ⊼	⊼ चीन के शंघाई शहर के एक पुजारी के हाथ के नाखून पौने तेइस इंच लम्बे हैं, / जो उसकी २७ साल की कमाई है ।
४६	⊥	पृथ्वी एक ▪ सेकेन्ड में १८॥ मील घूमती है ।
४७	‖	३१ अगस्त, १९५६ को देश भर में कुल १५ करोड़ आबादी वाले २,७२,७५६ गाँवों में २,१२० राष्ट्रीय विस्तार सेवा और सामुदायिक विकास खन्ड चालू थे । इनमें वे खंड भी शामिल हैं, जहाँ पर विकास के बाद का काम होता है ।
४८	//	यदि दो पंक्तियों के बीच का अन्तर बराबर न हो तो समानान्तर रेखाएँ खींच कर दिखाओ ।
४९	⊼	⊼ इटली के एक लड़के गिओवानो मालान्ती को केवल रात में ही उल्लू की तरह दिखाई देता था ।

	चिह्न	उदाहरण
५०		सेवा में, श्री अरुण कुमार ११५ सुभाष मार्ग, कानपुर ।
५१		यदि किसी परिच्छेद की एक पंक्ति अन्य सभी पंक्तियों से अधिक ऊपर उठ गई हो तो उसे पार्श्व में अंकित चिह्न द्वारा नीचे करने के लिए संकेत कर देना चाहिए ।
५२		त्रिपथगा । मासिक पत्रिका । रु०. ६. ०० वार्षिक चन्दा··· ··· एक प्रति ··· ···· रु०. ०. ७५
५३		कृपया निम्नलिखित पते, ठीक प्रकार लिखिए :— सम्पादक 'त्रिपथगा' सूचना विभाग रायल होटल बिल्डिंग लखनऊ ।
५४		यदि सामग्री को १ em हटाकर मुद्रित कराना हो तो उसे एक चिह्न द्वारा, जो पार्श्व में दिया है, दिखलाना चाहिए ।
५५		संख्या ५४ के समान ही ।
५६		यदि किसी परिच्छेद की कुछ पंक्तियाँ बाँईं ओर निकल आई हैं और शेष पंक्तियों के समान उपान्त न छोड़ती हों तो उन्हें भी ठीक कर देना चाहिए ।
५७	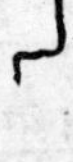	इसी प्रकार से यदि किसी परिच्छेद की कुछ पंक्तियाँ दाहिनी ओर अधिक दूर तक चली गई हैं और शेष पंक्तियों के समान दाहिनी ओर का अन्तर न छोड़ती हों तो उन्हें भी बराबर कर देना चाहिए ।

	चिह्न	उदाहरण
५८	[/	प्रयत्न यही करना चाहिए कि [कि सी शब्द के सब अक्षर एक साथ ही लिखे जाँय ।
५९	]/	यदि किसी शब्द का कोई अक्षर दूसरी पंक्ति में चला गया हो तो उसे पिछली पं क्ति] मे ही ले जाइए ।
६०		राष्ट्रीय सरकार ने प्रारम्भ से ही विविध प्रकार की योजनाओं द्वारा देश की विद्यमान न्यूनताओं को दूर करके राष्ट्र को सुख समृद्धि के मार्ग पर डालने का प्रयत्न जारी कर दिया है । यह है हमारी स्वतत्रता का शुक्ल पक्ष । इसका कृष्ण पक्ष भी है ।
६१		मैंने कहा है कि हमें जो स्वतंत्रता प्राप्त हुई है, उसका उपयोग हम अपने कल्याण के लिए भी कर सकते हैं और अकल्याण के लिए भी ।
६२	[ ]	[गणतंत्र दिवस समारोह]
६३	ital	“जब तक अपने पास करने के लिए काम है, और जब तक आप स्वाकांक्षाओं और महत्वाकांक्षाओं से दूर रहते हैं तब तक आप सम्यक् रूप से प्रगतिशील रहेंगे ।” डा० राधाकृष्णन राष्ट्रपति ।
६४	wf	यदि कोई अक्षर दूसरे टाइप का, मोटा या पतले आकार का लग गया हो तो उसे ठीक कर दीजिए ।
६५	Small type	भारत के राष्ट्रपति डा० राधाकृष्णन हैं ।
६६	big type	और प्रधान मंत्री पं० जवाहरलाल नेहरू हैं ।

अनुवाद

विदेशी भाषा अंग्रेजी में लिखित उत्कृष्ट कृतियों को हिन्दी भाषा भाषी प्रत्येक शिक्षित व्यक्ति अपनी भाषा में पढ़ना चाहता है। हिन्दी भाषा के माध्यम से शिक्षा प्राप्त छात्र वैज्ञानिक और तकनीकी विषयों से सम्बन्धित अंग्रेजी में लिखित पाठ्यपुस्तकों का अध्ययन करना चाहता है। किन्तु यह उसी समय संभव हो सकता है जब उसे ऐसी पाठ्यपुस्तकों तथा कृतियों का हिन्दी अनुवाद उपलब्ध हो।

सरकारी कर्मचारी को अंग्रेजी से हिन्दी में और हिन्दी से अंग्रेजी में अनुवाद करना होता है। अंग्रेजी में लिखित पत्राचार को हिन्दी में अनूदित करना होता है, रिपोर्टों, निर्णयों और स्वतंत्रता-प्राप्ति से पूर्व निर्मित अधिनियमों का हिन्दी में अनुवाद करना होता है और हिन्दी में निर्मित नियमों आदि का समय-समय पर अंग्रेजी में अनुवाद करना होता है।

अनुवाद-कार्य सरल नहीं होता। अंग्रेजी के मूल पाठ का अनुवाद हिन्दी में इस प्रकार प्रस्तुत करना कि वह अनुवाद न लगकर स्वतंत्र, प्रवाहपूर्ण लेख लगे वास्तव में कठिन है। अनुवादक को दोनों भाषाओं का पूर्ण ज्ञान होना चाहिए। उसे अंग्रेजी के प्रत्येक शब्द, प्रत्येक पदावली का अर्थ मालूम होना चाहिए, शब्दों के अर्थों के सूक्ष्म भेद से परिचित होना चाहिए। उसे दोनों भाषाओं पर समान अधिकार होना चाहिए। शब्दों की बनावट, वाक्य रचना और व्याकरण का उसे समुचित ज्ञान होना चाहिए। और उसमें इतनी योग्यता होनी चाहिए कि वह मूल पाठ के अर्थ को सहज रूप में सरल और सुबोध भाषा में सुगमतापूर्वक व्यक्त कर सके। उसमें पर काया प्रवेश का सामर्थ्य होना चाहिए। सफल अनुवादक वही कहलाता है जिसका अनुवाद अनुवाद न मालूम पड़े बल्कि वह प्रवाहपूर्ण मूल कृति मालूम पड़े।

भाषा का कच्चा ज्ञान होने के कारण अर्थ का अनर्थ हो जाता है और अनुवाद हास्यास्पद। 'Crown vs People' का अनुवाद एक सरकारी कार्यालय में 'ताज बनाम जनता' किया गया था। अनुवादक वर्ष 1940 में दिये गये एक निर्णय का अनुवाद कर रहा था। उसे स्पष्टतया 'Crown' का अर्थ नहीं मालूम था कि 'Crown' 'सम्राट' का द्योतक है। उसने शाब्दिक अनुवाद कर दिया और 'Crown' को 'ताज' अनूदित कर दिया। इसी प्रकार एक अनुवादक ने 'सर्व साधारण के लाभ के लिए नर्स

की भी व्यवस्था कर दी गयी है' का अंग्रेजी अनुवाद किया 'A nurse has also been provided for public use.' अस्पतालों में जच्चा-बच्चा के लिए उपलब्ध सुविधाओं का जिक्र था, वहीं नर्स की व्यवस्था का भी उल्लेख किया गया था। अंग्रेजी अनुवाद ने तो अनर्थ कर दिया। इस प्रकार के अशुद्ध और हास्यास्पद अनुवाद वही अनुवादक करते हैं जिन्हें न तो अपनी मातृभाषा हिन्दी का और न अंग्रेजी का ही पर्याप्त ज्ञान होता है।

अनुवाद के विभिन्न प्रकार हैं—

१. शब्दानुवाद

२. भावानुवाद

३. वैज्ञानिक और तकनीकी अनुवाद

४. विधिक अनुवाद

शब्दानुवाद—इस प्रकार का अनुवाद सरल होता है, जैसे 'Researved seat' का अनुवाद हुआ 'स्थान आरक्षित' Smoking Prohibited' का अनुवाद हुआ 'धूम्रपान निषिद्ध है' या 'धूम्रपान मना है' अनुवाद से अर्थ का स्पष्ट बोध हो जाता है और मूल मंतव्य प्रकट हो जाता है।

भावानुवाद—इसमें विषय प्रधान होता है। इसमें अंग्रेजी के मूल पाठ का भाव अपने शब्दों में सुगठित भाषा में अभिव्यक्त करना होता है, अलबत्ता इसका ध्यान रखा जाता है कि मूल पाठ के किसी भी महत्त्वपूर्ण अंश की उपेक्षा न हो जाय। अपेक्षाकृत अनुवादक को अभिव्यक्ति में, शब्दों के चयन में स्वतंत्रता होती है। सामान्यतया जब बड़ी-बड़ी रिपोर्टों या पत्र-व्यवहार में अन्तर्निहित विषय और भाव की सूचना सम्बंधित अधिकारी को देनी होती है तो भावानुवाद ही किया जाता है।

वैज्ञानिक और तकनीकी अनुवाद—इस प्रकार के अनुवाद में विषय को अत्यधिक महत्त्व दिया जाता है। अनुवादक इसके अनुवाद में कोई शिथिलता नहीं कर सकता। इस प्रकार के अनुवाद में एकरूपता के विचार से भारत सरकार द्वारा प्रमाणित और विहित शब्दावली का ही प्रयोग किया जाता है। विषयवस्तु को स्पष्ट, सरल और बोधगम्य भाषा में अभिव्यक्त करना ही अनुवादक की सफलता का माप है। शैली का स्थान इसमें गौण होता है।

विषय का पूरा ज्ञान अनुवादक को होना चाहिए तभी वह मूल विषय-वस्तु को अच्छी तरह समझ सकता है और उसके अनुवाद में समर्थ हो सकता है।

विधिक अनुवाद—इसमें अधिनियमों, विधेयकों, नियमों, विज्ञप्तियों आदि का अनुवाद सम्मिलित है। यह अत्यावश्यक है कि अनुवाद में प्रयुक्त शब्द निश्चित और स्पष्ट अर्थ के बोधक हों। वास्तव में यह अनुवाद अधिकतर शाब्दिक अनुवाद होता

है। इसमें प्रामाणिक शब्दावली प्रयुक्त की जाती है क्योंकि सभी राज्यों के लिए इस्तेमाल की जाने वाली विधिक शब्दावली में एक समानता और एकरूपता होनी चाहिए अन्यथा विभिन्न स्थानों पर विभिन्न अर्थ लगाये जायेंगे जो अहितकर होगा।

सरकारी कर्मचारी को सरकारी सामग्री का भी अनुवाद करना होता है चाहे वह अंग्रेजी से हिन्दी में हो या हिन्दी से अंग्रेजी में। सरकारी सामग्री के अन्तर्गत आते हैं—

(१) पत्राचार का अनुवाद
(२) रिपोर्टों आदि का अनुवाद
(३) सरकारी दृष्टि से महत्त्वपूर्ण अन्य साहित्य का अनुवाद

पत्राचार का अनुवाद—इसमें कर्मचारी को टिप्पणी और प्रालेखों का अंग्रेजी या हिन्दी में अनुवाद करना पड़ सकता है। प्रालेखों में अंग्रेजी के वाक्य I am directed to' 'I am desired to' का सामान्यतया हिन्दी में अनुवाद नहीं किया जाता क्योंकि 'मुझे यह कहने का निदेश हुआ है कि' या 'मुझसे चाहा गया है कि मैं यह कहूँ' हिन्दी भाषा की शैली के अनुरूप नहीं है 'मुझे निवेदन करना है या अनुरोध करना है' से काम निकल जाता है।

इस प्रकार के अनुवाद में सरल, सुबोध और स्पष्ट भाषा प्रयुक्त की जाती है जिससे अभीष्ट अर्थ के अतिरिक्त कोई अन्य अर्थ न निकल सकें।

रिपोर्टों आदि का अनुवाद—इस प्रकार का अनुवाद प्रवाहपूर्ण होना चाहिए। ऐसा न प्रतीत होना चाहिए कि वह मौलिक रचना न होकर अनूदित है। अनुवाद की यही विशेषता होनी चाहिए कि वह मूल पाठ की सभी बातों का समावेश करते हुए भी स्वतंत्र रचना लगे।

अन्य महत्त्वपूर्ण साहित्य का अनुवाद—इसमें सरकार को अंग्रेजी भाषा में लिखित प्राप्त ज्ञापन, आवेदन-पत्र, संविदा, करार आदि शामिल हैं। इनके अनुवाद में सतर्कता बरतना अत्यावश्यक है। शाब्दिक अनुवाद करते हुए भी अनुवाद सुस्पष्ट, और बोधगम्य होना चाहिए और उसमें विषय के मूल आशय को अभिव्यक्त करने का सामर्थ्य होना चाहिए।

इस प्रकार अनुवाद के गुण होने चाहिए; शुद्धता, सुस्पष्टता, सरलता, बोधगम्यता और प्रवाह।

अनुवाद उदाहरण

Man is mastering Nature. How ? By his muscles ? Yes, but by something stronger than that. By his phenomenal endurance ?

Yes, but by something which is mightier than this. By the power to think with which God endowed him. The thinker is still King, as God intended him to be. It may be that he does not reap the richest harvest, but he travels in those lofty regions to which the merely moneyed man not aspires. [P. C. S. 1957]

हिन्दी अनुवाद

मनुष्य प्रकृति पर विजय प्राप्त कर रहा है। किस प्रकार ? क्या अपने शारीरिक बल पर ? जी हाँ, किन्तु एक ऐसी शक्ति द्वारा जो उससे भी अधिक बलवती है। क्या अपनी अपूर्व सहन शक्ति पर ? जी हाँ, किन्तु एक ऐसी शक्ति द्वारा जो उससे भी अधिक शक्तिवान है। यह है उसकी विचार-शक्ति जो ईश्वर-प्रदत्त है। विचारक अब भी सर्वोपरि है जैसा कि उसे बनाने का ईश्वर का अभिप्राय था। हो सकता है कि उसे अपने विचार और संकल्प का पूरा फल नहीं मिल पाता किन्तु वह अपनी विचार-शक्ति के बल पर जिन उच्चलोकों का भ्रमण करता है वहाँ केवल धन-बल पर मनुष्य पहुँचने की आकांक्षा नहीं कर सकता।

After the interview the candidates will be arranged by the Commission in the order of merit as disclosed by the aggregate marks finally awarded to each candidate in the Main Examination (written examination as well as interview) and in that order so many candidates as are found by the Commission to be qualified at the examination shall be recommended for appointment upto the number of unreserved vacancies decided to be filled on the results of the examination.

Provided that candidates belonging to the scheduled castes or the scheduled tribes may, to the extent the number of vacancies reserved for the Scheduled Castes and the Scheduled tribes cannot be filled on the basis of the general standard, be recommended by the Commission by a relaxed standard to make up the deficiency in the reserved quota, subject to the fitness of these candidates for appointment to the services irrespective of their ranks in the order of merit of the examination.

साक्षात्कार के बाद आयोग उम्मीदवारों के द्वारा प्रधान परीक्षा (लिखित परीक्षा एव साक्षात्कार) में प्राप्त कुल अंकों के आधार पर योग्यता क्रम से उनकी सूची बनायेगा और उसी क्रम से उन उम्मीदवारों में से जितने लोगों को आयोग योग्य समझे उनको इन रिक्तियों पर नियुक्त करने के लिए अनुशंसा करेगा। ये नियुक्तियाँ, इस परीक्षा के परिणाम के आधार पर जितनी अनारक्षित रिक्तियों को भरने का निर्णय किया जाता है, उनको दृष्टि में रख कर की जायगी।

किन्तु उपबन्ध यह है कि यदि सामान्य स्तर से अनुसूचित जातियों और अनुसूचित जन-जातियों के लिए आरक्षित रिक्तियों की संख्या तक अनुसूचित जातियों और अनुसूचित जन-जातियों के उम्मीदवार नहीं भरे जा सकते हैं तो आरक्षित कोटा में कमी को पूरा करने के लिए आयोग द्वारा स्तर में छूट देकर, चाहे परीक्षा के योग्यता-क्रम में उनका कोई भी स्थान क्यों न हो, नियुक्ति के लिए उनकी अनुशंसा की जा सकेगी बशर्ते कि ये उम्मीदवार इस सेवा में नियुक्ति के उपयुक्त हों।

Not withstanding any judgement, decree or order of any court, anything done or purporting to have been done or any action taken or purporting to have been taken under or in relation to the side rule 56 (a) before the commencement of this Act, including any decision or order made, executive instruction issued or notice or pay is lieu of notice given or paid or ordered to be paid, retirement required or effected or pension sanctioned or paid, shall be deemed to be and always to have been done or taken under or in relation to the said rule 56 (a) as amended by this Act and to be and always to have been as valid as if the provision of this Act were in force at all the material times.

The state Government may of its own motion or on an application from an aggrieved person may, at any time, for the purpose of satisfying itself as to the legality or properity of any order passed under this Act, call for and examine the record of any case and pass such orders thereon as it deemed fit.

किसी न्यायालय के किसी निर्णय, डिक्री या आदेश के होते हुए भी, इस अधिनियम के प्रारम्भ होने के पूर्व उक्त नियम ५६ (ए) के अधीन या उसके संबंध में किया गया या किये जाने के लिये तात्पर्यित कोई कार्य और की गयी या की जाने के लिये

तात्पर्यित कोई कार्यवाही, जिसके अन्तर्गत किया गया कोई निर्णय या आदेश, जारी किये गए कार्यकारी अनुदेश, या दिया गया कोई नोटिस या नोटिस के बदले में दिया गया या भुगतान किया गया या भुगतान के लिये आदिष्ट वेतन, अपेक्षित या कार्यान्वित सेवा निवृत्ति अथवा स्वीकृत या भुगतानकृत पेन्शन भी है, इस अधिनियम द्वारा यथा संशोधित उक्त नियम ५६ (ए) के अधीन या उसके संबंध में किया गया या की गयी और सदैव से किया गया या की गयी समझी जायगी, और वे उतने ही वैध समझे जायेंगे तथा सदैव से वैध रहे समझे जायेंगे मानों इस अधिनियम के उपबन्ध सभी सारवान अवसरों पर प्रवृत्त थे।

राज्य सरकार स्वप्रेरणा से या व्यथित व्यक्ति द्वारा आवेदन-पत्र देने पर, किसी भी समय, इस अधिनियम के अधीन दिये गये किसी आदेश की वैधता अथवा औचित्य के संबंध में अपना समाधान करने के प्रयोजनार्थ, किसी मामले का अभिलेख मँगा सकती है और उसकी परीक्षा कर सकती है और उस पर ऐसा आदेश दे सकती है जो वह उचित समझे।

भाग : दो

* *

परिशिष्ट : 1–टिप्पणी के कतिपय नमूने

•

परिशिष्ट : २–प्रालेखों के कतिपय नमूने

•

परिशिष्ट : ३–संक्षिप्त लेखन के नमूने

•

परिशिष्ट : ४–मुद्रण-शोधन का नमूना

•

परिशिष्ट : ५–प्रतिमित प्रालेख प्रपत्र

•

परिशिष्ट : ६–विविध

•

परिशिष्ट : ५

[टिप्पणी के कतिपय नमूने]

क्रम संख्या···भारत सरकार के·········मंत्रालय की विज्ञप्ति संख्या ·· ··········
दिनांक·········।

क० ख० ग०

क्र० सं०···में भारत सरकार ने १९·········को सम्पूर्ण भारत के लिये छुट्टी घोषित कर दी है। अतः इस छुट्टी की घोषणा पृथक् रूप से इस प्रदेश की विज्ञप्ति द्वारा करने की आवश्यकता नहीं है। कार्यालय को खेद है कि यह बात उसके ध्यान में पहले नहीं आई थी। श्री··············को जन्म शताब्दी के सम्बन्ध में न्याय विभाग से परामर्श के पश्चात् इसी तरह का निश्चय किया गया था। आवश्यक संशोधन प्रालेख संख्या ··में कर दिया गया है।

२. इस सम्बन्ध में यह निवेदन है कि इस छुट्टी से हमें अपने विभागाध्यक्ष इत्यादि को अवगत करना आवश्यक प्रतीत होता है। तदनुसार एक परिपत्र का प्रालेख भी स्वीकृत्यर्थ प्रस्तुत है।

ह० सहायक

दोष—विषय महत्त्वपूर्ण है, छुट्टी के सम्बन्ध में उच्चादेश अपेक्षित हैं। अतएव टिप्पणी स्वतःपूर्ण होनी चाहिये न कि संक्षिप्त, जैसी कि प्रस्तुत टिप्पणी है (देखिये पैराग्राफ ९, पृष्ठ ३८)। इसी विषय पर स्वतःपूर्ण टिप्पणी नीचे दी गई है।

(स्वःपूर्ण टिप्पणी)

क्रम संख्या···भारत सरकार के··········· ···मंत्रालय की विज्ञप्ति संख्या ·······,
दिनांक··············।

क० ख० ग०

इस पत्रावली में··············समारोह के उपलक्ष में·· ··········और श्री ············के जन्म दिवस के उपलक्ष में·····को सार्वजनिक छुट्टियाँ घोषित करने के प्रश्न पर विचार किया जा रहा है।

२. जहाँ तक·········की छुट्टियों का सम्बन्ध है, भारत सरकार ने नेगोशियेबिल इन्स्ट्रूमेंट ऐक्ट; १८८१ की धारा २५ के स्पष्टीकरण के अनुसार सम्पूर्ण भारत में·········वार और·········वार तदनुसार······और··· ······१९·········को सार्वजनिक छुट्टी घोषित कर दी है। (देखिये सरकार के·········मंत्रालय की विज्ञप्ति दिनांक·········)। अब·········शासन को इस बारे में कोई विज्ञप्ति निकालने की आवश्यकता नहीं है। यहाँ यह बता देना अनुचित न होगा कि जब भारत सरकार ने ·········को·······के जन्म-दिवस के उपलक्ष में नेगोशियेबिल इन्स्ट्रूमेंट ऐक्ट के अनुसार सार्वजनिक छुट्टी घोषित की थी तो न्याय विभाग के परामर्श के पश्चात् यह निश्चय किया गया था कि इस छुट्टी की घोषणा पृथक् रूप से इस प्रदेश की सरकार को करने की आवश्यकता नहीं है। उस समय केवल प्रदेश के विभागाध्यक्षों इत्यादि को इस आशय का परिपत्र जारी कर दिया गया था। इसी तरह इस बार भी एक परिपत्र जारी कर दिया जाय। प्रालेख स्वीकृत्यर्थ प्रस्तुत है।

३. कदाचित् क० ख० ग० को ज्ञात हो कि··· ··की अध्यक्षता में समारोह समिति ने इस प्रदेश में समारोह शताब्दी सप्ताह·········से मनाने का निश्चय किया है। अतः······१९······को नेगोशियेबिल इन्स्ट्रूमेंट ऐक्ट के अन्तर्गत छुट्टी घोषित करने की आवश्यकता है।

४. भारत सरकार ने श्री·········के जन्म-दिवस की छुट्टी······और १९ ···को घोषित की है। इस वर्ष श्री ······का जन्म-दिवस दो बार पड़ता है। भारतीय तिथि के अनुसार श्री··· ·····का जन्म दिन प्रति वर्ष·········को मनाया जाता है।······१९··· को······थी। अतएव उस दिन सरकार द्वारा छुट्टी की घोषणा की गई थी। अब नये पंचांग देखने से मालूम होता है कि इस वर्ष यही तिथि··· ········ १९······को भी पड़ रही है। अतः·········१९······को भी श्री ·······के जन्म दिवस की छुट्टी नेगोशियेबिल इन्स्ट्रूमेंट ऐक्ट के अन्तर्गत करना है।

५. अतएव·········१९ · और·········१९·········को छुट्टी घोषित करने के लिए विज्ञप्ति निकालना आवश्यक है। प्रालेख स्वीकृत्यर्थ प्रस्तुत है।

ह०·········

(सहायक)

(दिनांक········· ·········

(अधिकारी)

[२]

क० ख०

पत्रावली सं.........क्र० सं०... ....विभाग ने यह प्रार्थना की थी कि चूंकि उनके विभाग में ,सारा कार्य अंग्रेजी में ही होता है अतएव उनके विभाग को... ...विभाग से परिपत्र सं० ....दिनांक.........के उपबन्धों से मुक्त किया जाय और उन्हें अपने विभाग के उपयोग के लिए अंग्रेजी टाइपराइटरों को खरीदते रहने की अनुमति दी जाय।

इस परिपत्र में यह आदेश थे कि जो भी टाइपराइटर खरीदे जायें वे हिन्दी के ही हों।

† संलग्न पत्रावली क्र० सं०... २. सरकार ने............सन् १९.........में उक्त विभाग को उसके कार्यालय के लिए केवल अंग्रेजी टाइपराइटरों को खरीदते रहने के लिए प्राधिकृत † कर दिया था।

३. उक्त आदेश के अन्तर्गत ....विशेष अनुमति के बिना ही अंग्रेजी टाइपराइटर खरीदते थे। ऐसा प्रतीत होता है कि बाद में इस प्रक्रिया पर आपत्ति प्रकट की गई और उस विभाग को लिखा गया कि वे उस समय तक अंग्रेजी टाइपराइटर नहीं खरीद सकते हैं जब तक कि ऐसा करने को विशेष अनुमति उन्हें न प्राप्त हो। (देखिये वि० प० क्र०......)। अतएव............विभाग ने यह प्रार्थना कि है की उनको पूर्व आदेश के अनुसार अब भी अंग्रेजी टाइपराइटर खरीदने की अनुमति दी जाय।

४. क० ख० को विदित है कि ....परिपत्र के पश्चात् राजकीय कार्यों में हिन्दी की प्रगति को बढ़ाने के लिए सरकार ने......... को एक दूसरा परिपत्र जारी किया जिसका पैराग्राफ.........टाइपराइटरों के सम्बन्ध में है। इस पैराग्राफ में वे शर्तें दी गई हैं जिनके अनुसार ही अंग्रेजी टाइपराइटर खरीदे जा सकते हैं। साथ ही यह भी कह दिया गया कि अंग्रेजी टाइपराइटर के खरीदने की अनुमति केवल सरकार ही देगी।

५. यह परिपत्र उक्त विभाग को अनुमति देने के आदेश के बाद जारी किया गया था। अतएव......के परिपत्र के सभी आदेश सभी अधिकारियों तथा विभागों पर लागू होते हैं और कोई भी विभाग अथवा अधिकारी सरकार की अनुमति के बिना अंग्रेजी टाइपराइटर नहीं खरीद सकता। इन उपबन्धों से कोई भी मुक्त नहीं किया गया है।

६. ऐसी अवस्था में.........विभाग की प्रार्थना को मानने में सरकार असमर्थ है। अंग्रेजी टाइपराइटर की मांग के सम्बन्ध में विभाग

को स्थायी आदेश के अनुसार विशेष अनुमति प्राप्त करनी होगी।

पत्रावली.........विभाग को लौटा दी जाय।

(सहायक) (अधिकारी)

दिनांक.........

विशेषता—यह एक स्वतःपूर्ण टिप्पणी है। इसके सभी आवश्यक निर्देश पार्श्व में दिये गये हैं।

(देखिये पैराग्राफ ८ (घ), पृष्ठ ३५)

[३]

क्र० सं०......वि० पत्र, पत्र दिनांक..........१९...,

प्रेषक..............................।

क० ख० ग०

कृपया वि० पत्र देखें जो क्रम संख्या.............के प्रसंग में है।

वि० पत्र के पैराग्राफ............में बताये गये कारणों से प० फ० ने निवेदन किया है कि नये स्थापित अस्थायी डिवीजन के कार्यालयों में प्रयोगार्थ.........
......................मशीन खरीदने की स्वीकृति प्रदान की जाय।

२. ....मशीन प्रदान करने के सम्बन्ध में यह उल्लेखनीय है कि इस दिशा में सरकार की एक निर्धारित नीति है। इस नीति को ध्यान में रखते हुए यह निश्चित हुआ था कि.............मशीनों की स्वीकृति देना उचित नहीं है। तदनुसार प० फ० को क्र० सं०...... ...द्वारा सूचित किया गया।... ...मशीनों को प्रदान करने के सम्बन्ध में क० ख० ग० कृपया पृष्ठ ....से.........तक की टिप्पणी और आदेश देखें।

३. प० फ० ने पहले नये स्थापित अस्थायी प्रत्येक डिवीजन........के लिए दो मशीनें खरीदने की स्वीकृति माँगी थी और अब वि० पत्र में उन्होंने दो मशीनों के स्थान पर तीन मशीनों की स्वीकृति माँगी है। यह सुझाव पहले भी पृष्ठ ....के पैराग्राफ.............में रखा गया था जो...................के पृष्ठ ....पर उच्चाधिकारी के आदेशों के कारण क० ख० ग० द्वारा उचित नहीं समझा गया था।

४. प० फ० का मत है कि यदि केवल मशीनों के खरीदने की स्वीकृति न दी

गई तो यह डिवीजनों की कार्यक्षमता के लिए अहितकर होगा, क्योंकि उनके विभाग को प्राय: टेक्निकल कार्य करने होते हैं। शासनादेश संख्या……………दिनांक…………… के पैराग्राफ…………द्वारा कुछ विशेष दशाओं में मशीन खरीदने की अनुमति उसी समय दी जा सकती है जब काम की पर्याप्त मात्रा हो। उपर्युक्त आदेश की प्रतिलिपि पताका…पर क० ख० ग० के अवलोकनार्थ रखी है। इस परिपत्र के पैराग्राफ……के अन्तर्गत कुछ अपवाद बताये गये हैं। इन अपवादों में से क्रम…………तथा……… पर बताये गये अपवाद निम्नलिखित हैं :

१.

२.

इन दशाओं में भी मशीनें खरीदने की अनुमति उसी समय दी जायगी जब काम की मात्रा पर्याप्त हो।

५. पत्रावली क० ख० ग० के आदेशार्थ प्रस्तुत की जाती है कि क्या ऊपर बताई गई परिस्थिति में यह मान्य और उचित होगा कि उपर्युक्त मशीन नव स्थापित डिवीजनों तथा सर्किलों को, जिनके नाम उपर्युक्त तालिका में दिये हुए हैं, प्रयोगार्थ खरीदने की अनुमति प्रदान की जाय ?

…………

(सहायक)

दिनांक……

विशेषता :

टिप्पणी की प्रस्तुति तर्कानुसारेण है।

टिप्पणी स्पष्ट और साथ ही पूर्ण है।

[४]

क० ख० ग०

इस पत्रावली में एशोसियेशन की इस प्रार्थना पर विचार किया जा रहा है कि उन्हें कार्यालय-भवन के लिए …………वर्ग फीट का वह भू-भाग भी, जो स्मारक के लिये सुरक्षित रखा गया था, दे दिया जाय।

२. संक्षेप में स्थिति इस प्रकार है :

"............में थाना, के सन्निकट माल रोड पर २० हजार वर्ग फीट का एक भू खंड था। कागजात में यह भू खंड कब्रिस्तान के नाम से दर्ज था। द्वितीय बटेलियन के सिपाहियों की स्मृति में सरकार ने बहुत पहले उक्त भू खंड पर एक पत्थर लगवाया था।"

इस भू खंड की प्राप्ति के लिये निम्नलिखित ने प्रार्थना की थी :

(१) पुलिस अधिकारी
(कर्मचारियों के क्वार्टर बनवाने के लिये),

(२) स्मारक समिति
(शहीदों का एक स्मारक बनवाने के लिये),

(३) एसोसियेशन
(कार्यालय बनवाने के लिये)।

३. एसोसियेशन के प्रेसीडेंट ने प्रार्थना की है कि उक्त भू खण्ड एसोसियेशन को कार्यालय भवन बनवाने के लिये दिया जाय। (क्र० सं०......)। स्मारक समिति ने भी उस भूमि की प्राप्ति के लिये प्रार्थना की थी। बाद में पुलिस अधिकारी ने स्मारक समिति के पक्ष में उक्त भूमि सम्बन्धी अपनी माँग वापस ले ली। किन्तु समिति के पास धन न होने के कारण भारत सरकार के परामर्श से एसोसियेशन को पट्टे पर १०० वर्ष के लिये नाममात्र के वार्षिक किराये पर उक्त भू खंड देने का निश्चय किया गया। (क्र० सं०......)।

४. विधि विभाग के परामर्श से एक दस्तावेज तैयार किया गया। उस दस्तावेज में भू खंड के एक भाग को शहीदों के स्मारक के निर्माण के लिये सुरक्षित रख दिया गया।

५. दस्तावेज के पैराग्राफ...में यह व्यवस्था की गई कि यदि दस्तावेज की तारीख से १० वर्ष के भीतर सुरक्षित भूमि पर कोई स्मारक न बनाया जाय और सरकार को इस भूमि की कोई आवश्यकता न हो तो एसोसियेशन इस भूमि की प्राप्ति के लिये प्रार्थना कर सकता है।

६. क्र० सं०.........में एसोसियेशन के प्रेसीडेंट ने प्रार्थना की है कि स्मारक के लिए सुरक्षित भूमि भी एसोसियेशन को दे दी जाय, क्योंकि शहीदों का स्मारक अन्यत्र बन चुका है और अब उस भू खंड की स्मारक के लिये कोई आवश्यकता नहीं रह गई है।

एसोसियेशन ने उस भूमि पर जो उन्हें पहले पट्टे पर दी जा चुकी है; एक ...की इमारत बनवा ली है। (नक्शा त्रि० प० पे संलग्न है)।

७. सामान्यतया दस्तावेज के पैराग्राफ.........के अनुसार इस प्रकार की प्रार्थना पर दस्तावेज की तारीख......... से १० वर्ष बाद विचार किया जा सकता था। किन्तु चूंकि स्मारक अन्यत्र बनाया जा चुका है, अतएव स्पष्टतया अब इस भू-खंड की आवश्यकता नहीं रह गई है और जिस उद्देश्य से यह भूमि सुरक्षित की गई थी उसकी भी पूर्ति हो गई है। सरकार को भी अन्य प्रयोजनों के लिये इस भूमि की कोई आवश्यकता नहीं है।

८. ऐसी परिस्थिति में शेष भाग को एसोशियेसन को देने में सरकार को कोई आपत्ति नहीं है। किन्तु इसके पूर्व कि ऐसा निश्चय किया जाय, यह पत्रावली वित्त विभाग को दिखा दी जाय। तत्पश्चात् मुख्यमन्त्री को अनुमति ले कर विधि विभाग के परामर्श से एक नये दस्तावेज द्वारा इस भू-खंड को उक्त एसोसियेशन को हस्तांतरित करने की कार्यवाही की जायेगी।

ह०..........

दिनांक...... ......

विशेषता :

इस टिप्पणी से विषय का सविस्तार उल्लेख न होते हुए भी तथ्यों की प्रस्तुति विधिवत् की गई है। टिप्पणी संक्षिप्त और सुस्पष्ट है।

(देखिये—पैराग्राफ ७ (३) पृष्ठ ३४)

अभ्यास

(१) शहीद चन्द्रशेखर आजाद स्मारक के निर्माणार्थ इलाहाबाद में एक भू-खंड की आवश्यकता स्मारक संघ को हैं जिसके लिए उसने शासन से प्रार्थना की है।

कृपया एक स्वतःपूर्ण टिप्पणी उच्चादेशार्थ प्रस्तुत करें।

[संकेत—मांग की विवेचना उसकी आवश्यकता और राष्ट्रीय महत्व की दृष्टि से की जाय। भू-खंड पट्टे पर दिया जायगा और पट्टा-किराया नगण्य होगा। विधि और वित्त विभाग से परामर्श आवश्यक होगा।]

(२) लोकमान्य गंगाधर तिलक के जन्मदिवस के उपलक्ष्य में सार्वजनिक छुट्टी घोषित करने के सम्बन्ध में कृपया एक टिप्पणी प्रस्तुत की जाय।

[संकेत—नेगोशियेबुल इन्स्ट्रूमेंट ऐक्ट १८८१ की धारा २५ के अन्तर्गत भारत सरकार द्वारा छुट्टियां घोषित की जाती हैं। पृथक् रूप से सम्बन्धित छुट्टी घोषित करना सरकार के लिए आवश्यक है या नहीं—न्याय विभाग से परामर्श जारी होगा।]

परिशिष्ट : २

[प्रालेखों के कतिपय नमूने]

शासनादेश

सं०............

प्रेषक

....

....

सेवा में

....

....

दिनांक..........

विषय

............अधिकारी की नियुक्ति

महोदय,

मुझे निदेश हुआ है कि मैं आपका ध्यान.........मंत्री के............वक्तव्य की ओर दिलाऊँ, जिसमें विज्ञान की प्रगति की ओर आपका ध्यान आकर्षित करते हुए आपसे अपने कार्यालय में एक अधिकारी की नियुक्ति करने और साथ ही उसकी सूचना शासन को देने के लिये अनुरोध किया गया था।

२. अभी तक आपके कार्यालय से इस सम्बन्ध में अपेक्षित सूचना शासन को नहीं प्राप्त हुई है। अतः मुझे आपसे पुनः यह अनुरोध करने का निदेश हुआ है कि यदि आपने अपने कार्यालय में कोई अधिकारी नियुक्त नहीं किया है तो कृपया उसकी नियुक्ति तुरन्त कर दें। जो अधिकारी इस पद पर नियुक्त किया जाय, या किया जा चुका हो, उसका नाम और पद इस विभाग को तुरन्त सूचित करने की कृपा करें।

भवदीय

क० ख० ग०

दोष

वाक्यों तथा विचारों की दृष्टि से भाषा स्वच्छ नहीं है। पैराग्राफ २ में शब्द 'आपसे' का प्रयोग अनावश्यक है।

[देखिये पृष्ठ ४६ (८)]

(प्रालेख का शोधित रूप—देखिये पूर्व पृष्ठ)

संख्या...............

प्रेषक

....

....

सेवा में

....

....

दिनांक...............

विषय :

...............अधिकारी की नियुक्ति

महोदय,

मुझे निदेश हुआ है कि मैं आपका ध्यान .....मंत्री के............... वक्तव्य की ओर दिलाऊँ, जिसमें विज्ञान की प्रगति की समुचित देखभाल के लिये कार्यालय में एक अधिकारी की नियुक्त करने और साथ ही उसकी सूचना शासन को देने के लिये अनुरोध किया गया था।

२. शासन को अभी तक सूचना नहीं मिली है कि आपके कार्यालय में किसी अधिकारी की नियुक्ति की गई है। अतः अनुरोध है कि यदि किसी अधिकारी की नियुक्ति की गई हो तो उसकी सूचना शासन को भेज दी जाय, और यदि अभी तक कोई अधिकारी नियुक्त नहीं किया जा सका है तो इस प्रकार की नियुक्ति तुरन्त की जाय और इसकी सूचना सरकार को दी जाय।

भवदीय

क० ख० ग०

[२]

संख्या............

प्रेषक

....

....

सेवा में

....

....

दिनांक............

महोदय,

विषय :

तमिल, उर्दू में लिखित प्रार्थना-पत्रों का न्यायालय में लिया जाना।

राज्य सरकार को विदित हुआ कि अभी हाल में आपने एक निर्णय दिया है, जिसमें आपने यह रूलिंग (Ruling) दी है कि न्यायालयों की भाषा हिन्दी है और यह बात की कोई अन्य भाषा भी न्यायालयों की एक भाषा है, ठीक नहीं है। आपके इस निर्णय में काफी डिटेल (detail) में सरकार, और उसके आदेशों आदि की विवेचना है।

२. राज्य सरकार को इस निर्णय की एक प्रति की आवश्यकता है। अतएव सरकार आभारी होगी यदि आप उपर्युक्त निर्णय की एक प्रति सुविधानुसार भेजने की कृपा करें।

भवदीय

क० ख० ग०

दोष : प्रालेख की भाषा में हठोक्ति का प्रयोग किया गया है। भाषा स्पष्ट, विनीत तथा संयत नहीं है।

[देखिये पृष्ठ ४३ (३)]

(प्रालेख का शोधित रूप—देखिये पूर्व पृष्ठ)

सं............

प्रेषक

....

....

सेवा में

....

....

दिनांक............

विषय :

तमिल, उर्दू में लिखित प्रार्थना-पत्रों का न्यायालयों में स्वीकार किया जाना।

महोदय,

राज्य सरकार की जानकारी में यह आया है कि अभी हाल में आपके न्यायालय में इस आशय का एक निर्णय हुआ है कि न्यायालयों की भाषा हिन्दी है और तमिल, उर्दू में लिखित अर्जियाँ इत्यादि, न्यायालय में स्वीकृत नहीं की जा सकेंगी।

२. उपर्युक्त निर्णय की एक प्रति माँगने का मुझे निदेश हुआ है। यदि सरकार की जानकारी सही हो और प्रतिलिपि भेजने में आपत्ति न हो तो उसे भेजने की कृपा की जाय।

भवदीय

क० ख० ग०

[३]

संख्या.................

प्रेषक

... .

सेवा में

....

दिनांक...............

विषय—नाम-परिवर्तन का सुझाव

महोदय,

मुझे यह कहने का निदेश हुआ है कि.....जिले की..... तहसील के नाम-परिवर्तन के विषय में राज्य सरकार को कुछ प्रस्ताव प्राप्त हुए हैं। सबसे पहले इस मामले की चर्चा स्वर्गीय.......ने.....में एक सार्वजनिक सभा में की थी, जिसमें उन्होंने कहा था कि ....नाम परतंत्रता का प्रतीक है, अतः उसका नाम......रखा जाय। बाद में सर्वोदय स्वाध्याय मंडल के लोक-सेवक श्री .....तथा कुछ अन्य लोगों ने भी......नाम का समर्थन किया था।

२. इस सिलसिले में दूसरा प्रस्ताव ..... के श्री ....से प्राप्त हुआ था। इसमें.....नाम की जगह .....रखने की सिफारिश की गई है। श्री ...के कथनानुसार ...विदेशी भाषा का नाम है। श्री...सन् १८५७ ई० के पूर्व ईस्ट इंडिया कम्पनी की ओर से कुछ काल तक कलेक्टर थे। इन्हीं के नाम से यह नगर बसा है। इस सम्बन्ध में श्री......ने कुछ अन्य लोगों के साथ मिलकर .....के लिये उपर्युक्त नाम की एक पत्रिका निकाली है, जिसकी एक प्रति संलग्न है। इस पत्रिका में......नाम की उपयुक्तता पर भी प्रकाश डाला गया है।

३. मुझे अनुरोध करना है कि तहसील के नाम परिवर्तन के प्रश्न पर प्रशासनिक दृष्टि से विचार किया जाय तथा इसके बारे में कमिश्नर......डिवीजन की भी राय लेकर शासन को कथनानुसार सूचित किया जाय। इस सम्बन्ध में भारत सरकार के गृह मंत्रालय के पत्र सं०.......दिनांक......की एक प्रति भी संलग्न की जाती है, जिसमें नाम परिवर्तन के विषय में भारत सरकार के अनुदेश दिये गये हैं। इन अनुदेशों को इस मामले पर विचार करते समय कृपया ध्यान में रखा जाय।

भवदीय

क० ख० ग०

विशेषता : भाषा स्वच्छ, स्पष्ट तथा संक्षिप्त है। [देखिये पृष्ठ ४४ (८)]

[४]

संख्या.........

प्रेषक

....

...

सेवा में

....

दिनांक.... ....

विषय—आश्वासन समिति का द्वितीय तथा तृतीय प्रतिवेदन

महोदय,

मुझे आपके पत्र सं०..............दिनांक ....की ओर संकेत करने का निदेश हुआ है।

२—यह पत्र उस आश्वासन से सम्बन्धित है, जो कि............की विधान सभा के मुख्यमन्त्री ने दिनांक ....को दिया था और उसकी कार्यवाही के बारे में विधान सचिवालय ने पत्र संख्या................दिनांक ....में सर्वप्रथम पूछा था :

३—इस सम्बन्ध में विधान सभा सचिवालय की जानकारी के लिए इस विभाग के पत्र दिनांक ....तथा............में समय-समय पर की गई कार्यवाही पर प्रकाश डाला गया था। आश्वासन की मौजूदा अंतिम परिस्थिति इस प्रकार है :

(१) इस आश्वासन से स्वास्थ्य, गृह, शिक्षा तथा वन विभाग सम्बन्धित हैं।

स्वास्थ्य विभाग

(२) स्वास्थ्य विभाग में भूतपूर्व विलीन रियासतों के लिये गये कर्मचारियों की ज्येष्ठता सरकारी आदेशानुसार निश्चित कर दी गई है।

गृह विभाग

(३) गृह विभाग में विलीन रियासतों के कुल ५ अफसर लोक सेवा आयोग की सिफारिश के अनुसार लिए गए हैं। इनके स्थायीकरण, ज्येष्ठता, वेतन आदि, सब मामले तय हो चुके हैं।

(४) विलीन रियासत में ३ अफसर डिप्टी सुपरिन्टेन्डेंट पुलिस के पद पर थे। लोक सेवा आयोग ने इन तीनों को......की अधीनस्थ सेवा के लायक समझा। इसलिए इनको डिप्टी सुपरिन्टेन्डेंट पुलिस के पद पर नहीं लिया

जा सका। इनको दारोगा तथा इन्सपेक्टर के पदों पर, जिनके लिये ये उपयुक्त समझे गए, ले लिया गया। इन तीनों में से सिर्फ श्री.......... ने डिप्टी सुपरिन्टेन्डेन्ट पुलिस के पद पर लिए जाने के लिए प्रार्थना की है।

(५) विलीन राज्य के एक कर्मचारी को इन्सपेक्टर के पद के लायक समझा गया ओर उसी पद पर ले लिया गया। इनको शिकायत है कि इस कारण इनकी ज्येष्ठता में फर्क आ गया।

(६) राज्य के एक अधिकारी, जो दारोगा के पद पर थे, उसी पद पर ले लिये गये। इन्हें कोई शिकायत नहीं थी, परन्तु पूछने पर उन्होंने कहा कि उनको वार्षिक वेतन-वृद्धि में हानि हो रही है।

(७) मद (४) से (६) में निर्देशित व्यक्तियों की शिकायतें नाम-मात्र की हैं। जो जिस पद के योग्य समझा गया वह उस पद पर ले लिया गया तथापि इन व्यक्तियों की शिकायतों पर शीघ्र निर्णय लेने के लिए गृह विभाग को कहा गया है।

(८) विलीन राज्यों के ६ अहलकार पुलिस विभाग में लिये गये हैं। इनमे से एक को कोई शिकायत नहीं है, शेष ५ अहलकारों की ज्येष्ठता, वेतन आदि मामले विचाराधीन हैं। गृह विभाग को शीघ्र निर्णय लेने के लिए कहा गया है।

४—विलीन राज्यों के कर्मचारी..........सेवा में स्वास्थ्य तथा गृह विभाग में लिये गये हैं, जिसमें सिर्फ उपर्युक्त कर्मचारियों को शिकायतें हैं, जिसमें से, जैसा कि ऊपर कहा गया है, कुछ शिकायतें नाम मात्र हैं।

शिक्षा (ख) तथा वन विभाग

५— सिर्फ शिक्षा (ख) तथा वन के विभागों के प्रतिवेदन अभी तक प्राप्त नहीं हो पाए। उनको अनुस्मारक भेजे जा चुके हैं। उनके प्रतिवेदन आने पर आश्वासन समिति को स्थिति से अवगत किया जायगा।

भवदीय

....

विशेषता : वाक्य तथा विचारों की दृष्टि से भाषा सुस्पष्ट तथा स्वच्छ है।

[देखिये पृष्ठ ४४ (८)]

शासकीय-पत्र

संख्या............

प्रेषक

सचिव,
.........शासन।

सेवा में

मुख्य सचिव,
..........सरकार।

दिनांक..... ...

विषय : जिला.......... में स्थित श्री... ......जी मन्दिर के पुजारी को मासिक भत्ता दिया जाना।

महोदय,

मुझे यह निवेदन करने का निदेश हुआ है कि...... जिले के... .... ग्राम में...... जो भूतपूर्व ....राज्य का भाग था, स्तुति श्री............के मन्दिर के पुजारी ने राज्य सरकार के समक्ष एक प्रार्थना-पत्र प्रस्तुत किया है, जिसमें उन्होंने दावा किया है कि भूतपूर्व राज्य से उन्हें.........रु० सालाना भत्ता मिला करता था जो कई साल से बन्द हो गया है। उन्होंने प्रार्थना की है कि यह भत्ता उन्हें फिर से मिलना चाहिये।

२. भूतपूर्व राज्य के जागीरदार ने पुजारी का प्रार्थना-पत्र राज्य सरकार को भेजते हुए इस दावे की पुष्टि की है और बताया है कि उस राज्य के.......... प्रदेश में विलीन हो जाने पर............प्रदेश सरकार ने भी एक-दो वर्ष यह भत्ता चालू रखा।

३. सम्बन्ध में जिलाधीश ......द्वारा जाँच करने पर ज्ञात हुआ कि यद्यपि.........राज्य का ही भाग और अंतर्क्षेत्र है तथापि वह अभी भी..... प्रदेश का ही भाग है। पुराने कागजात देखने से ज्ञात हुआ कि ....के डिप्टी कमिश्नर ने सूचित किया था कि पुजारी को किस्तों में..........रु० प्रतिवर्ष का भत्ता दिया जाता था।

४. जिलाधीश······ने इस सम्बन्ध में जिलाधीश···से भी पूछताछ की थी और उनसे सम्बन्धित पत्रावलियाँ भेजने का अनुरोध किया था। परन्तु उन्हें कोई कागज, पत्रादि नहीं मिल सके। जिलाधीश····ने अवश्य यह सूचित किया था ऐसे मामलों में रियासतों के शासकों द्वारा सनदें दी जाती थीं और सनद से ही इस मामले की सही स्थिति का पता चल सकता है।

५. पुजारी से भी अपने दावे के समर्थन में लिखित प्रमाण प्रस्तुत करने को कहा गया था, जो वह प्रस्तुत नहीं कर सके।

६. ऐसी स्थिति में अनुरोध है कि यदि······प्रदेश सरकार को कोई आपत्ति न हो तो जिस जिलाधीश के अधीनस्थ क्षेत्र में यह मंदिर स्थित हो, उसके द्वारा जाँच करा के इस मंदिर के पुजारी की माँग से सम्बन्धित सही स्थिति से इस विभाग को सूचित किया जाय।

७. इस सम्बन्ध में किसी कागज-पत्र आदि के उपलब्ध न होने पर सम्बन्धित जिलाधीश, पुजारी जी से हलफनामा लिखा सकते हैं, जिसमें इस भत्ते का पूरा इतिहास तथा अन्य सम्बन्धित विवरण दिया गया हो। इस हलफनामे पर पुजारी के समकालीन दो व्यक्तियों की तस्दीक भी कराई जा सकती है।

८. इस विषय में जो भी सहायता······प्रदेश सरकार से मिलेगी उसके लिये यह सरकार आभारी होगी।

भवदीय,
सचिव

दोष :

पैराग्राफ ६ और ८ की वाक्य-रचना दोषपूर्ण है ये पैराग्राफ इस प्रकार लिखे जाने चाहिए : (देखिये पृष्ठ ४३)

पैराग्राफ ६—ऐसी स्थिति में अनुरोध है कि······प्रदेश सरकार, यदि उसको कोई आपत्ति न हो, उस जिलाधीश द्वारा, जिसके अधीनस्थ क्षेत्र में यह मंदिर स्थित हो, कृपया जांच करायें और उस पुजारी की·········रु० वार्षिक भत्ते की माँग से संबंधित सही स्थिति से इस विभाग को अवगत करें।

पैराग्राफ ८—इस विषय में···········सरकार से जो भी सहायता मिलेगी उसके लिए···········सरकार आभारी होगी।

[२]

सं०..............

प्रेषक

....

....

सेवा में

....

....

दिनांक, लखनऊ

विषय—सेवा निवृत्त श्री..........की पेन्शन का मामला

महोदय,

मुझे इस शासन के पत्र सं०..................दिनांक............के क्रम में यह कहने का निदेश हुआ है कि जिलाधीश..................ने यह सुझाव दिया है कि उनके जिले का एक जिम्मेदार अधिकारी............भेज दिया जाय, जो वहाँ के अधिकारियों से परामर्श करके श्री............से एक शपथनामा प्राप्त करे।

२. चूंकि श्री....................की पेन्शन का मामला तय होने में काफी देर हो चुकी है, इसलिए राज्य सरकार ने जिलाधीश............के अनुसार आदेश दे दिया है कि..................जिले का एक अधिकारी............जाकर इस मामले में जिलाधीश............से परामर्श करके और उनकी मदद से उचित कार्यवाही करे।

३. अतः मुझे यह निवेदन करने का निदेश हुआ है कि.........सरकार इस विषय में एक पत्र जिलाधीश................को भेजने का कष्ट करे, यदि ऐसा करने में कोई आपत्ति न हो।

भवदीय

क० ख०

(सामान्य पत्र का नमूना)

[३]

सं०.......

............विभाग

प्रेषक

श्री............

उप सचिव,

....

सेवा में

सचिव

....

दिनांक,............

विषय : पत्र-व्यवहार का माध्यम

....

महोदय

सन्दर्भ—आपका पत्र संख्या........दिनांक............

आपके उपर्युक्त पत्र की प्राप्ति सधन्यवाद स्वीकृत करते हुए आपके पत्र के पैराग्राफ ३ के अनुपालन में........सरकार के एतद्विषयक राजकीय आदेश की प्रति इसके साथ भेजी जा रही है।

भवदीय

....

उप सचिव

अवधेय—

पत्र-प्राप्ति सधन्यवाद स्वीकार की जानी चाहिए।

[४]

संख्या..................

प्रेषक

....

....

सेवा में

....

....

दिनांक...........

विषय...........

महोदय,

विभाग मुझे निदेश हुआ है कि मैं इंस्पेक्टर इंचार्ज प्रशिक्षण केन्द्र, पिंडी के पत्र संख्या..........., दिनांक........., जिसकी प्रतिलिपि इस पत्र में संलग्न है, की ओर आपका ध्यान आकर्षित करूँ।

२. उपर्युक्त अधिकारी द्वारा अपेक्षित सूचना नीचे दी है :

(१) इस राज्य में..........की प्रगति के लिए जो प्रयत्न अब तक किये गये हैं तथा भविष्य के लिए जो कार्यक्रम निर्धारित किया गया है, उनका उल्लेख राज्य सरकार द्वारा प्रकाशित..........में किया गया है। इस.......... की एक प्रति इस पत्र के साथ भेजी जाती है :

(२) राज-पत्रित या अपत्रित कर्मचारियों के लिये अभी कोई पाठ्यक्रम तैयार नहीं किया गया है और न कोई प्रशिक्षण केन्द्र ही आरंभ किया गया है। राज्य सरकार के मुख्यालय पर इसकी व्यवस्था की गई है। डिवीजन के मुख्यालयों पर भी उपर्युक्त योजना को यथासम्भव लागू करने का विचार है।

(३) सरकारी कर्मचारियों की सुविधा के लिए इस सरकार ने एक पुस्तिका भी प्रकाशित की है, जिसमें अन्य बातों के साथ-साथ..........इत्यादि, संग्रहीत किये गये हैं। इस पुस्तिका की प्रतियाँ सरकार के अधीन समस्त कार्यालयों में वितरित की जायंगी। पुस्तिका की एक प्रति प्रकाशित होने पर आपको भेज दी जायगी।

भवदीय,

क० ख० ग०

विशेषता : आलेख की भाषा स्वच्छ और सुस्पष्ट है और इसकी निर्मिति सुन्दर है।

[देखिये पृष्ठ ४४ (८)]

द्रुतगामी पत्र

प्रेषक

श्री.................

....

....

सेवा में,

....

....

....

संख्या........, दिनांकित.................

विभाग श्री.................की.................(पदनाम) के रूप में नियुक्ति से सम्बन्धित सरकारी तार संख्या.........दिनांकित.............के क्रम में।

पद-वेतन भारतीय प्रशासकीय सेवा (इंडियन ऐडमिनिस्ट्रेटिव सर्विस) के ज्येष्ठ वेतन काल क्रम में विनियमित होगा। साथ ही पदधारी को ३०० रु० प्रति महीने का एक विशेष वेतन भी प्राप्त होगा।

अभी यह पद अस्थायी और ३१ मार्च.................तक स्वीकृति किया गया है।

(इसका निर्गमन प्राधिकृत है)

क० ख० ग०

(पदनाम)

[तार]

द्रुतगामी सरकारी

(तार का संक्षिप्त पता)

संख्या······।·········संबंधी आप का तार संख्या·········दिनांकित······
·········। श्री 'र' को शीघ्र ही कार्यभार मुक्त करने के प्रबन्ध किये जा रहे हैं, किन्तु यह निश्चय नहीं कि उनकी सेवायें·········तब अवश्य ही उपलब्ध हो सकेंगी।

(भेजने वाले का
तार का संक्षिप्त पता)

··

तार करने के लिये नहीं (क० ख० ग०)

लखनऊ, दिनांक········· ······विभाग

·········

पृष्ठांकन

············सरकार

············विभाग

संख्या··········

·········दिनांकित··········१९···

प्रतिलिपि निम्नलिखित को डाक द्वारा पुष्टि स्वरूप प्रेषित :

(१) भारत सरकार के गृह मंत्रालय के सचिव, नई दिल्ली।

(२) ················कृपया श्री 'र' को शीघ्र ही कार्यभार मुक्त करने के प्रबन्ध किये जायें। भारत सरकार के पत्र संख्या·········
·········दिनांक···············की एक प्रतिलिपि भी सूचनार्थ संलग्न है।

आज्ञा से,

···············

[रेडियोग्राम]

क्रैश

सेवा में—

प्रेषक—

सं०…………

निर्देश…………………………………

……………………………………

……………

भेजने वाले का हस्ताक्षर……………………………………

दिनांक……………

[अर्ध-शासकीय पत्र]

नाम··· ··· ··· ··· ··· ··· ··· ···

पदनाम··· ··· ··· ··· ··· ··· ···विभाग

प्रिय महोदय,

दिल्ली प्रशासन के लिये टेकनिकल अधिकारी, रिसर्च अधिकारी आदि, के पदों के लिये भर्ती।

दिल्ली प्रशासन के कमिश्नर अपने अर्ध-शासकीय पत्र सं०······दिनांक······ में (जिसकी एक प्रति, उसके संलग्न पत्रों के साथ संलग्न है) शासन से अनुरोध किया है कि उसके अधीन कार्य करने वाले अधिकारियों तथा कर्मचारियों में उन व्यक्तियों के नाम भेज दिये जायें, जिन्हें वह उपर्युक्त पदों के लिए सर्वथा उपयुक्त समझें। अतएव आपसे अनुरोध है कि कृपया दिल्ली प्रशासन को भेजने के लिये अपने प्रशासकीय नियंत्रण में कार्य करने वाले ऐसे व्यक्तियों के नाम भेज दें जो आपकी राय में उपर्युक्त पदों के लिये सर्वथा उपयुक्त हों तथा इन पदों पर नियुक्त किये जाने के लिये सहमत हों। ये व्यक्ति या तो आपके अधीन विभागों में कार्य कर रहे हों या आपके अधीनस्थ कार्यालयों में। कृपया जिन अभ्यर्थियों के नाम भेजे जायँ उनके पूरे व्योरे भी संलग्न Proforma के अनुसार भेजने का कष्ट करें।

३. यदि··· ··· ··· ··· ···तक इस पत्र का कोई उत्तर प्राप्त नहीं हुआ तो यह समझ लिया जायगा कि आपको किसी भी अभ्यर्थी का नाम नहीं भेजना है। यदि अभ्यर्थियों के नाम भेजने में अधिक समय लगने की सम्भावना हो तो कृपया इसकी सूचना देते हुए एक अंतरिम उत्तर अवश्य भेज दें।

भवदीय,
क० ख० ग०

सेवा में,

··· ··· ··· ··· ··· ··· ···

··· ··· ··· ··· ··· ··· ···

दोष :—वाक्य-रचना दोषपूर्ण है।

[प्रालेख का शोधित रूप, देखिये पूर्व-पृष्ठ]

नाम……………

पदनाम………………

अर्ध-शासकीय पत्र सं०………
…………

………विभाग
……दिनांक……

प्रिय महोदय,

दिल्ली प्रशासन के लिए कतिपय अधिकारियों आदि पदों के लिए भर्ती ।

दिल्ली प्रशासन के आयुक्त ने अपने अर्ध-शासकीय पत्र सं०…… दिनांक…… ……(जिसकी एक प्रति सहपत्रों के साथ संलग्न है) में राज्य सरकार से अनुरोध किया है कि उपर्युक्त पदों के लिए राज्य सरकार के अधीन कार्य करने वाले अधिकारियों तथा कर्मचारियों में से उन व्यक्तियों के नाम भेज दिये जायें जिन्हें राज्य सरकार उन पदों के लिये उपयुक्त समझे । अतएव यह अनुरोध करने का मुझे निदेश हुआ है कि कृपया………के विचारार्थ तथा दिल्ली प्रशासन को भेजने के लिये आपके प्रशासकीय नियन्त्रण के अधीन कार्य करने वाले ऐसे व्यक्तियों के नाम भेज दिये जायें जो आपकी राय में उपर्युक्त पदों के लिये उपयुक्त हों और साथ ही इन पदों पर नियुक्त किये जाने के लिये सहमत भी हों । आपके विभागों में या आपके अधीन कार्यालयों में काम करने वाले व्यक्तियों के नाम ही भेजे जायें ।

२. इस प्रकार जिन अभ्यर्थियों के नाम भेजे जायें कृपया उनके पूरे ब्योरे भी संलग्न प्रपत्र के अनुसार भेज दिये जायें ।

३. मैं आभारी हूंगा यदि इन व्यक्तियों के नाम विलम्बतम्………तक भेज दिये जायें ।

भवदीय,

क० ख० ग०

सेवा में,

……………
……………

[२]

नाम.........

पदनाम............

प्रिय...........

विषय.........

कल टेलीफोन पर आपने जानना चाहा था कि कार्यालय ज्ञाप सं०........ दिनांक.................में प्रयुक्त शब्द विशेषज्ञ का क्या तात्पर्य है। इस विषय में संबंधित पत्रावली मैंने देखी और मुझे आपको यह सूचित करना है कि शब्द विशेषज्ञ की यह मन्शा नहीं है कि आप समितियों के लिये केवल सरकारी व्यक्तियों के नामों का सुझाव दें। आप सरकारी तथा असरकारी दोनों ही श्रेणियों के विशेषज्ञों के नाम भेज सकते हैं। इससे मुझे सुविधा ही होगी।

आपका,

....

दोष—

[१] रेखांकित वाक्य अनावश्यक है।

[२] पत्र का अभिप्राय स्पष्ट नहीं है।

[३] वाक्य-रचना दोषपूर्ण है।

[४] शीर्षक का अभाव

(देखिये पृष्ठ ४४)

श्री……(नाम) [प्रालेख का शोधित रूप देखिये पूर्व-पृष्ठ]
……(पद नाम)

अर्ध-शासकीय पत्र संख्या—
………………
…………विभाग,
लखनऊ, दिनांक…………

प्रिय……………जी,

विशेषज्ञों का मनोनयन

उपर्युक्त विषय पर इस विभाग के कार्यालय ज्ञाप सं०…………, दिनांक ……………………………, मे प्रयुक्त विशेषज्ञ के संबंध में आपसे कल टेलीफोन पर वार्ता हुई थी। उस संदर्भ में मुझे अब यह सूचित करना है कि भारत सरकार की समिति के लिये सरकारी अथवा/और असरकारी दोनों प्रकार के व्यक्तियों को विशेषज्ञ/विशेषज्ञों के रूप में मनोनीत किया जा सकता है।

आपका,
क० ख०

सेवा में,
……………
……………

[३]

संख्या………

………

उत्तर प्रदेश सरकार

(सचिव) ………विभाग

लखनऊ, दिनांक………

प्रिय महोदय,

निखात निधि का बटवारा

शासन की इच्छानुसार निवेदन है इस राज्य में निखात निधि का निबटारा करने के लिए एक समिति, जिसका नाम………है, कार्य करती है। इस समिति की स्थापना तथा कार्य-पद्धति के सम्बन्ध में निर्मित नियमों की एक प्रति संलग्न है।

२. इन नियमों के नियम संख्या………के अनुसार इस समिति के लिये तीन सदस्य सरकार द्वारा मनोनीत होते हैं। इन तीन सदस्यों में से एक के लिये सरकार आपको मनोनीत करने का विचार कर रही है। कृपया सूचित करें कि क्या आपके लिए इस समिति के सदस्य के रूप में कार्य करना सुविधाजनक होगा।

आपका,

………

सेवा में

१. ………

२. ………

३. ………

विशेषता—

भाषा सरल और सुस्पष्ट है।

(देखिये पृष्ठ ४४)

[४]

....

(सचिव) संख्या.........

..........सरकार

....विभाग

लखनऊ, दिनांक..........

प्रिय..............

प्रमाण-पत्र वितरण

मैं आपका ध्यान अंग्रेजी में आपकी ओर से छपे हुए उस निमंत्रण-पत्र की ओर दिलाना चाहता हूँ जो....................को....................(नगर) में....................केन्द्र में प्रमाण-पत्र वितरण करने के अवसर के लिये भेजा गया है। राजकीय कार्यों में हिन्दी का अधिकाधिक प्रयोग करने के लिये शासन ने जो आदेश परिपत्र सं०.......दिनांक....................में दिया है, उसमें यह भी अंकित किया गया था कि रीतिक अवसरों पर निमंत्रण-पत्र हिन्दी में हो। आप कृपा करके अपने विभाग के समस्त अधिकारियों का ध्यान शासन के इस पत्र की ओर आकृष्ट करें और उन्हें यह निश्चित रूप से बतला दें कि शासन की यह इच्छा है कि उस परिपत्र में दिये गये आदेश का समुचित रूप से पालन किया जाये। आप स्वयं समझेंगे कि बिना ऐसा किये हिन्दी के प्रयोग को हम बढ़ा न सकेंगे, जो हमारा ध्येय है।

भवदीय
सचिव

श्री..............

....

विशेषता—

भाषा सरल और सुस्पष्ट है।

(देखिये पृष्ठ ४४)

उत्तर प्रदेश गज़ट

असाधारण

लखनऊ, सोमवार, दिनांक———————

उत्तर प्रदेश सरकार

गोपनीय विभाग

सं०——————————

दिनांक..........................

विज्ञप्ति

उत्तर प्रदेश की विधान सभा की नियमावली के नियम २३ के अधीन, उत्तर प्रदेश के राज्यपाल ने आदेश दिया है कि निम्नलिखित विधेयक उससे सम्बन्धित उद्देश्यों और कारणों के विवरण के सहित सरकारी गजट में प्रकाशित किया जाय। अतः विधेयक तथा उद्देश्यों और कारणों का विवरण सर्वसाधारण की सूचना के लिये प्रकाशित किये जाते हैं।

आज्ञा से,

....

सचिव

[२]

.........................सरकार

.........................विभाग

संख्या..

.........................दिनांक..

विज्ञप्ति

नियुक्ति

....सरकार के.......................................की शाखा के.......................................श्री 'क' की नियुक्ति उसी शाखा में एक नव-निर्मित अस्थायी पद पर संयुक्त सचिव के रूप में की जाती है।

क० ख० ग०

संख्या.........................

प्रतिलिपि निम्नलिखित को सूचनार्थ प्रेषित :

(१) महालेखापाल, उत्तर प्रदेश, इलाहाबाद।

(२) उत्तर प्रदेश गज़ट के आगामी अंक में प्रकाशित करने के लिये, अधीक्षक, मुद्रण तथा लेखन-सामग्री, उत्तर प्रदेश, इलाहाबाद।

(३) सम्बन्धित अधिकारी।

(४)..विभाग (लेखा)

(५).. (अधिष्ठान)

आज्ञा से,

....

[३]

संख्या २०/८/५६/ पब०—१

भारत सरकार

गृह मंत्रालय

———

नई दिल्ली—२ दिनांक १२ जून, १९५६

विज्ञप्ति

निगोशियेबुल इन्स्ट्रूमेंट्स ऐक्ट, १८८१ (संख्या २६, १८८१) की धारा २५ में दिये हुए स्पष्टीकरण के अनुसार केन्द्रीय सरकार एतद् द्वारा श्री बाल-गंगाधर तिलक की जन्म शताब्दी के उपलक्ष में सोमवार, दिनांक २३ जुलाई, १९५६ को, समस्त भारतवर्ष के लिये, सार्वजनिक छुट्टी घोषित करती है।

फतेह सिंह,
उप सचिव

[४]

उत्तर प्रदेश सरकार

विधायिका विभाग

———

संख्या ६६१८/१७

दिनांक लखनऊ, ३० अक्टूबर, १९५२

———

विज्ञप्ति

विविध

उत्तर प्रदेश राज भाषा अधिनियम, १९५१ (उत्तर प्रदेश अधिनियम २६, १९५१) की धारा २ द्वारा प्राप्त अधिकारों का प्रयोग करके उत्तर प्रदेश के गवर्नर १ नवम्बर, १९५१ को ऐसा दिनांक नियत करते हैं जब से देवनागरी लिपि में हिन्दी निम्नलिखित के लिये प्रयुक्त की जायगी :

(१) भारत के संविधान के अनुच्छेद २१३ से अधीन प्रचारित अध्यादेश, और

(२) भारत के संविधान अथवा संसद या राज्य के विधान मंडल द्वारा बनाये गये किसी विधि के अधीन उत्तर प्रदेश सरकार द्वारा प्रचारित आज्ञा, नियम, विनियम, तथा उपनियम।

आज्ञा से,
रणधीर सिंह
सचिव

……………सरकार
……………विभाग
संख्या……………
दिनांक……………

विविध

……………नियमावली १९……………के संशोधनों के निम्नांकित प्रालेख को, जिसे……………अधिनियम १९……………ऐक्ट सं० ४, (१९३६) की धारा……………द्वारा प्राप्त अधिकारों का प्रयोग करके बनाने का प्रस्ताव है, उक्त अधिनियम की धारा……………की उपधारा (१) की अपेक्षानुसार, उन समस्त व्यक्तियों की सूचना के लिए, जिन पर इनका प्रभाव पड़ने की सम्भावना है, प्रकाशित किया जाता है तथा एतद्द्वारा सूचना दी जाती है कि उक्त प्रालेख पर……………की अथवा उसके बाद विचार किया जायगा।

२. उक्त प्रालेख के सम्बन्ध में उपर्युक्त निर्दिष्ट दिनांक से पूर्व किसी व्यक्ति से प्राप्त आपत्तियों या सुझाव पर राज्यपाल महोदय विचार करेंगे।

३. उपर्युक्त प्रालेख के सम्बन्ध में समस्त आपत्तियाँ तथा सुझाव क० ख० ग० ……………विभाग, ……………सरकार को सम्बोधित किये जाने चाहिये।

संशोधनों का प्रालेख

आज्ञा से,
……………

…………सरकार
…………विभाग
सं०…………
दिनांक…………

विज्ञप्ति

कार्यभार लेने के दिनांक से…………सचिवालय के प्रवर वर्ग सहायक श्री…………, श्री…………के स्थान पर, जो प्रत्यावर्तित किये गये,…………विभाग के स्थानापन्न अधीक्षक नियुक्त हुए।

आज्ञा से,
…………
मुख्य सचिव

…………सरकार
विभाग…………
सं०…………
दिनांक…………

शुद्धि-पत्र

सरकारी गजट, दिनांक…………के भाग १ में पृष्ठ…………पर प्रकाशित सरकारी विज्ञप्ति सं०…………, दिनांक…………में "श्री…………" के स्थान पर "श्री…………" पढ़ा जाय।

आज्ञा से,
…………
सचिव

सार्वजनिक स्वास्थ्य विभाग

सं० ५०८ (४) सोलह-२-१६५०-५८

दिनांक ७ फरवरी, १९५९

संकल्प

पढ़ा गया—

प्रिन्स आफ वेल्स ज़ुओलाजिकल गार्डन ट्रस्ट, लखनऊ का वार्षिक प्रतिवेदन १९५६-५७ तथा १९५७-५८ ।

विचार—जल-जीवालय (aquarium) का निर्माण प्राणि-संग्रहालय के लिए बहुत मूल्यवान सिद्ध हुआ है । कनाडियन वीवर्स और कतिपय दुर्लभ पक्षियों से संग्रहालय और अधिक आकर्षक हो गया है । पिकनिक स्थलों तथा विनोद की अन्य सुविधाओं की भी व्यवस्था कर दी गई है और यह संतोष की बात है कि छुट्टियों में लोग अधिक संख्या में संग्रहालय देखने आये ।

नाममात्र का प्रवेश-शुल्क लेने से प्राणि-उद्यान का सुचारु प्रबंध करने में बड़ी सुविधा मिली है ।

आदेश

आदेश दिया जाता है कि इस संकल्प की एक प्रति प्रिंस आफ वेल्स ज़ुओलाजिकल गार्डन ट्रस्ट के अवैतनिक प्रशासक को सूचनार्थ भेज दी जाय ।

यह भी आदेश दिया जाता है कि प्रतिवेदन सहित संकल्प जन-साधारण को सूचना के लिए उत्तर प्रदेश सरकार के गजट में प्रकाशित किया जाय ।

आज्ञा से,
स० मो० भाटिया
सचिव

भारत सरकार गजट
असाधारण
प्राधिकारी द्वारा प्रकाशित

नई दिल्ली, बृहस्पतिवार २६ जनवरी, १९५०

भारत सरकार

गृह मंत्रालय

विज्ञप्ति

नई दिल्ली, २६ जनवरी, १९५०

संख्या एफ ३४/४/४९/पब्लिक

परम श्रेष्ठ श्री राजगोपालाचारी ने २६ जनवरी, १९५० को गवर्नमेंट हाउस के दरबार में १०·१५ पूर्वाह्न निम्नलिखित उद्घोषणा की—

उद्घोषणा

"चूंकि, भारत के लोगों ने, भारत को सम्पूर्ण प्रभुत्व सम्पन्न लोकतंत्रात्मक गणराज्य बनाने के लिये दृढ़ संकल्प होकर अपनी संविधान सभा में २६ नवम्बर, १९४९ ई० को भारत का संविधान अंगीकृत, अधिनियमित और आत्मार्पित किया;

और चूंकि उक्त संविधान द्वारा यह घोषित किया गया है कि इण्डिया अर्थात् भारत राज्य संघ होगा और संघ में वे राज्य-क्षेत्र सम्मिलित होंगे, जो अब तक गवर्नर के प्रान्त, भारतीय रियासतें और चीफ कमिश्नर के प्रान्त थे;

और चूंकि २६ जनवरी, १९५० को, उक्त संविधान लागू करने के लिए निश्चय किया गया है;

अतः अब एतद् द्वारा यह उद्घोषित किया जाता है कि २६ जनवरी, १९५० से इण्डिया अर्थात् भारत एक सम्पूर्ण प्रभुत्व सम्पन्न लोकतंत्रात्मक गणराज्य होगा, और संघ तथा इसके अंग, भाग राज्य उक्त संविधान के उपबंधानुसार सरकार और प्रशासन की समस्त शक्ति एवं कार्य का उपयोग करेंगे।"

संख्या एफ/६६/१/५०—पब्लिक

चूंकि श्री राजेन्द्र प्रसाद भारत गणराज्य के राष्ट्रपति चुन लिये गये हैं और उक्त पद-ग्रहण कर लिया है, अतः उक्त नियुक्ति एतद् द्वारा विज्ञापित की जाती है।

भारत-गणराज्य के राष्ट्रपति के आदेश से।

संकल्प

नई दिल्ली, २६ जनवरी, १९५०

संख्या एफ ६६/१/५०—पब्लिक—भारत गणराज्य के राष्ट्रपति चुन लिये जाने पर श्री राजेन्द्र प्रसाद ने, भारत के राष्ट्रपति के रूप में पद-ग्रहण किया और उन्हें ११ तोपों की सलामी दी गई।

आदेश—आदेश दिया गया कि भारत गजट में निम्नलिखित उद्घोषणा प्रकाशित की जाय :

उद्घोषणा

चूंकि श्री राजेन्द्र प्रसाद भारत-गणराज्य के राष्ट्रपति चुन लिये गये हैं और उन्होंने उक्त पद-ग्रहण कर लिया है, अतःएतद् द्वारा उक्त नियुक्ति विज्ञापित की जाती है।

आदेश—आदेश दिया गया कि उद्घोषणा मुख्य सैनिक स्टेशनों को सूचनार्थ प्रेषित कर दी जाय।

आदेश दिया गया कि उद्घोषणा की एक प्रति तथा उन आदेशों की प्रतियाँ विदेश मंत्रालय, आदि, को सूचनार्थ भेज दी जाय, जहाँ इस संबंध में आवश्यक आदेश तुरंत जारी किये जायेंगे।

आदेश दिया गया कि श्री राजेन्द्र प्रसाद द्वारा भारत-गणराज्य के राष्ट्रपति के पद-ग्रहण की सूचना निम्नलिखित राज्य सरकारों तथा चीफ कमिश्नर को भेज दी जाय।

मद्रास सरकार, आदि
दिल्ली के चीफ कमिश्नर, आदि।

एच० वी० आर० अयंगर
भारत सरकार के सचिव।

[प्रेस नोट]

प्रेस नोट संख्या ५७३

उत्तर प्रदेश और उर्दू

सरकार की विज्ञप्ति

उत्तर प्रदेश सरकार के पास विभिन्न क्षेत्रों से प्रायः इस आशय के अनुरोध आते रहे हैं कि वह इस राज्य में उर्दू की स्थिति के सम्बन्ध में स्पष्टीकरण दे।

इस विषय पर राज्य सरकार का दृष्टिकोण पूर्ण रूप से स्पष्ट रहा है और प्रसंगवश वित्त मंत्री ने उत्तर प्रदेश विधान सभा में १९५५-५६ का आय-व्ययक प्रस्तुत करते हुए अपने भाषण में सरकार की उर्दू विषयक नीति का संकेत भी कर दिया था। वित्त मंत्री ने उस समय निम्नलिखित वक्तव्य दिया :

"उत्तर प्रदेश सरकार यह मानती है कि इस प्रदेश में उर्दू भी बोली जाती है और बहुत से बच्चों की मादरी जबान भी है। चूंकि सरकार इस उसूल को मानती है कि एक खास उम्र तक बच्चों की शिक्षा उनकी मादरी जबान में मिलनी चाहिये, इसलिये सरकार ने यह बन्दोबस्त कर दिया है कि जिन स्कूलों में उर्दू पढ़ने वाले मुकर्रर संख्या में मौजूद हैं, वहाँ उर्दू टीचर दिया जाय। इसकी देखभाल के लिये एक खास अफसर मौजूद हो जिसका यह काम है कि जहाँ शरारत हो, वहाँ उसका इंतजाम कराये। यह मालूम होने पर कि उर्दू में कोर्स की किताबें छपी हुई नहीं मिलतीं, राज्य सरकार ने उनको खुद छपवाया। श्री गोविन्द वल्लभ पंत साबिक चीफ मिनिस्टर और डा० सम्पूर्णानन्द मौजूदा चीफ मिनिस्टर इस सदन में बयान दे चुके हैं कि सरकारी दफ्तरों में दरख्वास्तें उर्दू में भी दी जा सकती हैं। चूंकि इस प्रदेश में उर्दू भी बोली जाती है, इसलिये सरकार को उर्दू की हर वह मदद करने में तअम्मुल नहीं, जो सरकार की तरफ किसी गैर सरकारी जुबान की की जानी चाहिये।"

वित्त मंत्री ने उक्त वक्तव्य में जिन विचारों का स्पष्टीकरण किया, उनसे सरकार की उर्दू विषयक नीति में किसी परिवर्तन का संकेत नहीं मिलता। ये विचार ८ अक्तूबर, १९४० के राजकीय आदेश संख्या ४६८४। ३.१००.४७ के अनुसार प्रवर्तित भाषा सम्बन्धी सामान्य नीति के सर्वथा अनुरूप ही है।

[आदेश]

सं० १५८/५८

भारत के संविधान के अनुच्छेद ७७ के खण्ड (३) के अनुसरण में राष्ट्रपति निम्नलिखित आदेश देते हैं, अर्थात् ।

१. विभाजन सचिवालय का अस्तित्व १ मार्च, १९५९ (फाल्गुन १०,१८८० शका) से न रहेगा ।

२. इस समय विभाजन सचिवालय में व्यवहृत सभी कार्य उक्त दिनांक से वित्त मंत्रालय (आर्थिक कार्य विभाग) को सौंप दिया जायगा ।

नई दिल्ली — ह० राजेन्द्र प्रसाद

२६ फरवरी, १९५९ — भारत के राष्ट्रपति ।

·········सरकार

·········विभाग

सं०·············

दिनांक·········

आज्ञा

इण्डस्ट्रियल डिस्यूट्स ऐक्ट १९४७ (ऐक्ट सं० १४, १९४७) की धारा १७ की उपधारा (१) के निदेशों का अनुसरण करके उत्तर प्रदेश के गवर्नर एतत् द्वारा उक्त ऐक्ट की धारा ७-ए के अधीन स्थापित औद्योगिक न्यायाधिकरण, इलाहाबाद द्वारा, श्री·········और श्री·········के मध्य औद्योगिक विवाद में दिये गये अभिनिर्णय को प्रकाशित करते हैं ।

अभिनिर्णय

आज्ञा से,

सचिव

[पत्र सूचना शाखा]
सूचना विभाग, उत्तर प्रदेश

भाषा का प्रश्न

उत्तर प्रदेश सरकार की विज्ञप्ति

लखनऊ २९ आषाढ़, १८८० / २० जुलाई, १९५८

लखनऊ, २० जुलाई—भाषा के प्रश्न पर उत्तर प्रदेश सरकार ने निम्नलिखित विज्ञप्ति जारी की है :

जब से समाचार-पत्रों में अखिल भारतीय कांग्रेस कमेटी की कार्यवाही प्रकाशित हुई है और विशेषकर कांग्रेस कार्य-समिति द्वारा स्वीकृत भाषा सम्बन्धी प्रस्ताव के प्रकाशन के बाद से जनता यह प्रतीक्षा करती रही है कि उत्तर प्रदेश की सरकार भाषा के महत्त्वपूर्ण प्रश्न पर अपनी नीति का निरूपण तथा उसकी व्यवस्था करेगी। राज्य सरकार ने जान-बूझकर इस सम्बन्ध में कोई भी विज्ञप्ति इसलिये जारी नहीं की ताकि इस विषय पर उठाये गये विवाद, जिनमें अनेक व्यक्तिगत, असंगत तथा अत्यन्त आपत्तिजनक बातें थीं, शान्त हो जायें। भारत सरकार भी इस विषय पर गम्भीरतापूर्वक विचार करती रही है और उसने भाषा के प्रश्न पर अभी हाल में एक वक्तव्य भी दिया है जो समाचार-पत्रों में विस्तृत रूप से प्रकाशित हो चुका है। यह वक्तव्य वास्तव में कांग्रेस कार्य-समिति के प्रस्ताव का विस्तार तथा स्पष्टीकरण है।

उत्तर प्रदेश सरकार यह निश्चित रूप से बतलाना चाहती है कि वह उपरोक्त प्रस्ताव तथा वक्तव्य को पूर्णरूपेण स्वीकार करती है। वास्तव में कांग्रेस कार्य-समिति ने जो प्रस्ताव स्वीकार किया उसके तैयार होने के पूर्व हुए विचार-विमर्श में मुख्य मंत्री को भाग लेने का सुअवसर मिला और केन्द्रीय सरकार द्वारा अन्तिम रूप से स्वीकृत वक्तव्य के तैयार होते समय भी प्रधानमन्त्री ने मुख्यमन्त्री से परामर्श करने की कृपा की। उत्तर प्रदेश सरकार के लिये यह संतोष का विषय है कि भाषा सम्बन्धी जिस नीति पर वह गत दस वर्षों से एकरूपता एवं दृढ़ता से चलने की चेष्टा करती रही है, उसको कांग्रेस कार्य-समिति के प्रस्ताव तथा केन्द्रीय सरकार के भाषा-नीति सम्बन्धी वक्तव्य, दोनों ही से पुष्ट समर्थन प्राप्त हुआ।

केन्द्रीय सरकार के भाषा-नीति सम्बन्धी वक्तव्य में जो पाँच प्रस्ताव प्रस्तुत

किये गये हैं, उनमें से चार प्रस्ताव राज्य सरकार द्वारा प्रारम्भ से ही स्वीकार किये जा चुके हैं। उक्त पाँच प्रस्ताव निम्नांकित हैं :

(१) जिन बालक-बालिकाओं की मातृ-भाषा उनके माता-पिता या अभिभावकों द्वारा उर्दू घोषित की गई है, उन्हें उर्दू में प्रारम्भिक स्तर पर शिक्षा व परीक्षा की सुविधायें प्रदान की जानी चाहिये।

(२) उर्दू शिक्षकों के प्रशिक्षण और उर्दू में उपयुक्त पाठ्य-पुस्तकों की उपलब्धि की व्यवस्था की जानी चाहिये।

(३) माध्यमिक स्तर पर भी उर्दू में शिक्षा की सुविधायें प्रदान की जानी चाहिये।

(४) सभी न्यायालयों व सरकारी कार्यालयों में उर्दू दस्तावेज बिना किसी अन्य भाषा में अनुवाद या रूपान्तर के स्वीकृत होने चाहिये तथा आवेदन या प्रार्थना-पत्र भी उर्दू में स्वीकृत होने चाहिये।

(५) उन क्षेत्रों में, जहाँ उर्दू प्रचलित है और जो तदर्थ निर्दिष्ट कर दिये गये हैं, महत्त्वपूर्ण कानून, कायदे, नियम, अधिनियम तथा विज्ञप्तियाँ उर्दू में भी जारी होनी चाहिये।

यहाँ यह उल्लेख किया जा सकता है कि पहले प्रस्ताव के सम्बन्ध में यह राज्य इस अखिल भारतीय नियम का पालन करता रहा है कि उर्दू के माध्यम से शिक्षा देने की सुविधा की व्यवस्था इस बात पर निर्भर करती है कि किसी स्कूल में कम से कम ४० तथा एक कक्षा में कम से कम १० ऐसे छात्र हों। यह हो सकता है कि कुछ व्यक्तियों ने हिन्दी के प्रति उत्साह प्रदर्शित करने के लिये सरकार द्वारा दिये गये आदेशों का पूरी भावना से पालन न किया हो। दूसरी ओर सम्भवतः यह भी सही है कि कभी-कभी उर्दू के पक्ष-पातियों ने तिल का ताड़ बताया और ऐसी शिकायतें लेकर सामने आये जिनका कोई वास्तविक आधार नहीं था। सरकार प्रत्येक व्यक्ति को यह बतलाना चाहती है कि इस प्रश्न पर उत्तेजना तथा पक्षपात से रहित वातावरण में ही विचार करना उचित है। तभी सरकार के लिये यह सम्भव हो सकेगा कि वह यह पता लगाये कि उसके आदेशों का कहाँ तक पालन किया जा रहा है। राज्य तथा जनता के सभी वर्गों का सर्वोपरि हित इसी में है कि प्रत्येक व्यक्ति सच्चाई से इस नीति का पालन करे।

जहाँ तक पाँचवें प्रस्ताव का सम्बन्ध है, राज्य की सभी महत्त्वपूर्ण विधियाँ,

नियम, अधिनियम एवं विज्ञप्तियाँ सूचना विभाग द्वारा प्रकाशित उर्दू पत्रिका 'इत्तिलात' (जो अब 'नया दौर' कहलाती है) में प्रकाशित की गई हैं। सूचना विभाग समय-स०य पर महत्त्वपूर्ण विधान और अधिनियम, जैसे जमींदारी उन्मूलन कानून, मुद्रा-प्रणाली, नाप-तौल की मैट्रिक प्रणाली आदि की व्याख्या करते हुए पुस्तकें एवं पुस्तिकायें प्रकाशित करता रहा है। राज्य सरकार की पत्र सूचना शाखा द्वारा जो प्रेस नोट प्रगति सम्बन्धी सिंहावलोकन तथा सरकारी कार्यों, नीतियों और निर्णयों के सम्बन्ध में जो सामग्री प्रचारित होती है, वह सब एक साथ हिन्दी, उर्दू और अंग्रेजी में जारी की जाती है। किन्तु इस सम्बन्ध में अभी तक कोई निश्चित नीति नहीं अपनाई गई है। इस सम्बन्ध में रखा गया प्रस्ताव मूल्यवान है और सरकार पूरा प्रयास करेगी कि यह प्रस्ताव उचित रूप में कार्यान्वित किया जाय। ऐसे विषयों को 'नया दौर' में नियमित रूप से प्रकाशित किया जायगा और आवश्यकतानुसार सूचना विभाग तथा अन्य सरकारी कार्यालय इस कार्य के लिये ऐसे स्थानों में अन्य उपाय भी उपयोग में लावेंगे, जिनके लिए यह विचार किया जा सकता है कि वहाँ जनसंख्या का एक बड़ा भाग उर्दू से परिचित है। इस समय इस कार्य के लिए रामपुर, बिजनौर, बरेली, मुरादाबाद, सहारनपुर और मुजफ्फरनगर के जिले तथा लखनऊ नगर को चुना गया है।

सार्वजनिक सूचना के लिए यह कहा जा सकता है कि राज्य सरकार उर्दू को प्रोत्साहन देने के लिए अन्य कदम भी उठाती रही है। उदाहरणार्थ, उर्दु की पुस्तकों पर भी पुरस्कार दिये हैं तथा जिस कोष से वैज्ञानिकों एवं साहित्यिकों को आपत्तिकाल में पेंशनें दी जाती हैं, उससे उर्दू के लेखक भी लाभान्वित हुए हैं।

ये कदम उर्दू की रक्षा के लिये यथेष्ट होने चाहिए। हिन्दी के सम्बन्ध में स्थिति भारत सरकार के नीति सम्बन्धी वक्तव्य के निम्नांकित उद्धरण से स्पष्ट हो जाती है :

"हमारे संविधान में हिन्दी को न केवल गौरवपूर्ण स्थान मिला है, बल्कि वह उत्तर प्रदेश, बिहार तथा देश के अन्य कई राज्यों की राजभाषा भी है। हिन्दी तथा उर्दू में प्रतिद्वन्द्विता का कोई प्रश्न ही नहीं उठ सकता। ऐसे राज्यों में हिन्दी आवश्यक रूप में महत्त्वपूर्ण एवं प्रभावशाली स्थान रखती है......"

[प्रेस विज्ञप्ति]

(२)

उत्तर प्रदेश सरकार

सामान्य शासन विभाग

संख्या १६६७/—५३२—१९५५

दिनांक लखनऊ, १६ अप्रैल, १९५६

प्रेस विज्ञप्ति

बनारस का नाम बदलकर 'वाराणसी' रक्खा जाना

उत्तर प्रदेश सरकार ने भारत सरकार के परामर्श से बनारस का नाम बदल कर वाराणसी रखने का निश्चय किया है। यह निश्चय आगामी बुद्ध जयन्ती दिवस २४ मई, १९५६ से लागू होगा।

२—वास्तव में 'बनारस' वाराणसी का अपभ्रंश है। सभी प्राचीन पुस्तकों जैसे जावाल उपनिषद् में वाराणसी नाम ही प्रयुक्त किया गया है। सम्भवतः वाराणसी 'काशी' से भी प्राचीन नाम है और ऐसा प्रतीत होता है कि यह नाम वरुण (या बरना) और असी नदियों से, जिनके बीच यह नगर स्थित है, निकला है। पुराणों, काशी माहात्म्य तथा काशी खंड में इसके इस प्रकार स्थित होने का वर्णन है। काशी नरेशों की राजधानी के रूप में भी रामायण और महाभारत में वाराणसी नाम का उल्लेख है। बौद्ध धर्मग्रन्थों में भी यह नाम आया है।

३—उत्तर प्रदेश में भूतपूर्व बनारस राज्य के संविलय के समय राज्य सरकार ने प्रारम्भतः सितम्बर-अक्टूबर १९४८ में बनारस के पुनर्नामकरण के प्रश्न पर विचार किया था। उस समय यह सुझाव था कि बनारस नगर का नाम वाराणसी रखा जाय, जो उसका उपयुक्त नाम था, क्योंकि इससे संविलीन क्षेत्र की जनता को संतोष मिलता। किन्तु उस समय राज्य सरकार ने यह निश्चय किया कि यह नाम-परिवर्तन किसी समुपयुक्त अवसर के लिये स्थगित कर दिया जाय। शुभावसर अब २४ मई, १९५६ को आयेगा जब बुद्ध परिनिर्वाण दिवस तथा बुद्ध जयन्ती समारोह मनाया जायगा।

आदित्यनाथ झा,
मुख्य सचिव।

संख्या १६६७ (१)/३—५३२—१९५५

प्रतिलिपि सूचनार्थ तथा यथावश्यक विभागीय कार्यवाही के लिए निम्नलिखित को भेजी जाती है :

(१) समस्त विभागाध्यक्ष, डिवीजनों के कमिश्नर, जिलाधीश, डिस्ट्रिक्ट और सेशन जज तथा उत्तर प्रदेश के अन्य प्रमुख कार्यालयाध्यक्ष;
जिला तथा अन्य न्यायालयों एवं कार्यालयों की नये नाम की मुहरें आदि बनवाने का भी प्रबन्ध किया जाय, जिससे निर्दिष्ट दिनांक से वे प्रयोग में लाई जा सकें।

(२) सचिवालय के समस्त विभाग (शिक्षा विभाग से विशेषकर अनुरोध है कि वह ऐसी व्यवस्था करे कि आगामी सत्र से राज्य की शिक्षा संस्थाओं में प्रयुक्त पाठ्य पुस्तकों तथा अन्य साहित्य में यह नया नाम समाविष्ट हो जाये।)

(३) महालेखापाल, उत्तर प्रदेश।

संख्या १६६७ (२)/३—५३२—१९५५

प्रतिलिपि सूचनार्थ तथा ऐसी कार्यवाही के लिये जो आवश्यक समझी जाय, निम्नांकित अधिकारियों को भी भेजी जाती है :

(१) डायरेक्टर जनरल, डाक और तार विभाग, नई दिल्ली;

(२) पोस्टमास्टर जनरल, उत्तर प्रदेश सर्किल, लखनऊ;

(३) चीफ कमर्शियल सुपरिटेन्डेन्ट, उत्तर रेलवे, मुख्यालय कार्यालय, नई दिल्ली,

(४) जनरल मैनेजर, पूर्वोत्तर रेलवे, गोरखपुर।

(भारत सरकार को प्रतिलिपि अलग से भेजी जा रही है।)

आज्ञा से,
आदित्यनाथ झा,
मुख्य सचिव।

[सूचना]

मृत्यु संवाद

राज्यपाल तथा मंत्रि-परिषद् को श्री.................................(पद नाम) की (नगर)...............के अपराह्न में मृत्यु का समाचार पाकर अत्यधिक दुःख हुआ।

२. श्री...........का जन्म..........में...........में हुआ था। उन्होंने............ में शिक्षा पाई और वहीं सार्वजनिक जीवन में पहली बार प्रवेश किया। म्युनिसिपल बोर्ड...... ....में वे निर्वाचित हुए और..........में..........के चेयरमैन नियुक्त हुए। बाद में....... . ...चले गये और वहाँ के म्युनिसिपल बोर्ड के चेयरमैन चुने गये। वहाँ उन्होंने पाँच वर्ष तक कार्य किया। श्री...... में.........सामान्य ग्रामीण निर्वाचन क्षेत्र से एक उप-निर्वाचन में विधान परिषद् के लिये चुने गये। वे..........में फिर से निर्वाचित हुए। वे... .....में (पद नाम) नियुक्त किये गये और.............में (पद नाम) हुए।

३. श्री.........ने स्वतन्त्रता-संग्राम में सक्रिय भाग लिया और उन्हें...... में कारावास हुआ। उन्होंने अपने सुसभ्य व्यवहार तथा सच्चाई और ईमानदारी से उन सभी लोगों को प्रभावित किया, जो उनके सम्पर्क में आये। इधर हाल ही में उन्होंने राज्य की पूर्वी सीमाओं की समस्याओं पर काफी ध्यान दिया, किन्तु उनके असामयिक मृत्यु से इस क्षेत्र में उनका कार्य अपूर्ण रह गया। उनकी मृत्यु से राज्य एक बड़े देशभक्त तथा कुशल संसद्विज्ञ से वंचित हो गया है। राज्य सरकार शोकाकुल परिवार के सदस्यों के प्रति अपनी सहानुभूति तथा संवेदना प्रकट करती है।

....

मुख्य सचिव

[कार्यलिय ज्ञाप]

सेवा में

(१)

(२)

(३)

(४)

विषय—समिति के लिये सदस्यों का मनोनीत किया जाना।

भारत सरकार के परिवहन मंत्रालय ने राज्य सरकार से अनुरोध किया है कि वह

(१)

(२)

के विषय में विशेषज्ञ समिति/समितियों में जो इस विषय/इन विषयों पर विचार करने के लिये मुकर्रर की जायगी, सदस्य के रूप में कार्य करने के लिए अपने विशेषज्ञों के नाम भेजें ताकि यदि आवश्यकता हुई तो उन्हें विशेषज्ञ के रूप में समिति/समितियों में कार्य करने के लिये नियुक्त किया जा सके। इसलिये मुझे आपसे अनुरोध है कि कृपया शीघ्र ऐसे व्यक्तियों के नाम.............................भेजें जो आपके अधीन कार्य करते हों और जिन्हें आपके मत में उक्त समिति/समितियों में नियुक्त किये जाने के लिये मनोनीत किया जा सकता है। केवल उन्हीं समितियों के बारे में सूचना भेजी जाय जो आपके विभाग से सम्बन्धित हैं।

२. भारत सरकार के परिवहन मंत्रालय ने राज्य सरकार को यह सूचित किया है कि यदि राज्य सरकार द्वारा मनोनीत व्यक्तियों को इस प्रयोजन हेतु नियुक्त किया गया हो उन्हें केन्द्रीय सरकार यात्रिक भत्ता और दैनिक भत्ता देगी।

भवदीय

....

दोष—

(१) पत्र अनावश्यक रूप से बड़ा है,

(२) कार्यालय ज्ञाप में 'भवदीय' नहीं प्रयुक्त होता है,

(३) वाक्य-रचना दोष पूर्ण है।

[देखिये पृष्ठ ४४]

[प्रालेख का शोधित रूप—देखिये पूर्व पृष्ठ]

उत्तर प्रदेश सरकार

..................विभाग

दिनांक..................

कार्यालय ज्ञाप

विषय :—परिवहन समिति के लिये राज्य सरकार द्वारा विशेषज्ञों का मनोनयन ।

भारत सरकार के परिवहन मंत्रालय ने पार्श्वलिखित विषयों के सम्बन्ध में परिवहन विशेषज्ञ समितियों में सदस्य के रूप में कार्य करने के लिये राज्य सरकार से विशेषज्ञों के नाम भेजने का अनुरोध किया है ।

(१)
(२)
(३)
(४)
(५)
(६)
(७)
(८)
(९)
(१०)
(११)

२. इसलिये अनुरोध है कि कृपया शीघ्र से शीघ्र ऐसे व्यक्तियों के नाम इस विभाग को भेज दिये जायें जो आपके मत में उक्त समितियों में मनोनीत किये जाने के लिये उपयुक्त हों ।

उप सचिव

[२]

उत्तर प्रदेश सरकार

............विभाग

सं०..............दिनांक........ ....

कार्यालय ज्ञाप

माननीय मुख्यमंत्री को सम्बोधित श्री............के पत्र सं०.........दिनांक ....की प्राप्ति स्वीकार करने तथा यह निवेदन करने का अधोहस्ताक्षरी को निदेश हुआ है उस पर विचार किया जा रहा है।

क० ख०

सेवा में

....

....

बोध—

(१) प्राप्ति सधन्यवाद नहीं स्वीकार की गई है;

(२) यदि पत्र भेजने वाला प्रमुख व्यक्ति है, तो अर्ध सरकारी पत्र द्वारा प्राप्ति-स्वीकार करना अधिक उत्तम होगा;

(३) 'उस पर' से भाव स्पष्टरूप से व्यक्त नहीं होता।

[शोधित रूप—देखिए पूर्व-पृष्ठ]

………………सरकार

………………विभाग

सं०………………

दिनांक………………

कार्यालय ज्ञाप

माननीय मुख्यमंत्री को सम्बोधित श्री………………के पत्र संख्या………………, दिनांक ………………,की प्राप्ति सधन्यवाद स्वीकार करने तथा यह सूचित करने का अधोहस्ताक्षरी को निदेश हुआ है कि सुझावों पर विचार किया जा रहा है।

ह०………
क० ख०

सेवा में

………………………

………………………

[३]

………सरकार

………विभाग

संख्या………

दिनांक………

कार्यालय ज्ञाप

विषय…………मंत्री से समय नियुक्ति

अधोहस्ताक्षरी को यह कहने का निदेश हुआ है कि यदि विभाग का कोई अधिकारी, विभागाध्यक्ष अथवा अन्य अधिकारी सीधे…………मंत्री से कोई समय नियुक्ति करें तो…………मंत्री के निजी सचिव अथवा वैयक्तिक सहायक को इस बात की सूचना अवश्य दे दी जाय :

२. यह इसलिये आवश्यक है कि इस सूचना के अभाव में…………मन्त्री के कार्यालय के लिये…………मंत्री की दिन चर्या का अंवेक्षण सम्भव नहीं है। यह सुझाव इसलिये भी है कि कहीं किसी ऐसे दिन तथा समय के लिये सीधे………मन्त्री से नियुक्ति न कर ली जाय जो निजी सचिव या वैयक्तिक सहायक के दैनंदिनी में पहले से ही किसी अन्य कार्य के लिये नियुक्त हो। इस प्रकार एक ही समय पर एक से अधिक समय नियुक्ति से सम्बन्धित व्यक्तियों को जो असुविधा हो सकती है वह भी दूर हो जायगी।

क० ख० ग०

सेवा में

समस्त अधिकारी।

सं०………………

प्रतिलिपि समस्त विभागाध्यक्ष, डिवीजनों के कमिश्नर, जिलाधीश तथा अन्य प्रमुख कार्यालयाध्यक्ष को आवश्यक कार्यवाही के लिये भेजी जाती है।

आज्ञा से,

क० ख० ग०

संख्या………………

प्रतिलिपि निम्नलिखित को भी भेजी जातो है।

………………मंत्री के निजी सचिव, वैयक्तिक सहायक

आज्ञा से

क० ख० ग०

[असरकारी पत्र]

.......................सरकार

.....................विभाग

संख्या.......................

दिनांक.......................

क० ख० ग०

विधान सभा के सदस्य श्री..........ने..........की प्रगति के सम्बन्ध में निम्न प्रश्न किया है।

....

२. ....में..........की उत्तरोत्तर प्रगति के सम्बन्ध में सरकार समय-समय पर परिपत्र जारी करती रही है। अंतिम परिपत्र संख्या ...., दिनांक....... को............विभाग से जारी हुआ था। तात्कालिक निर्देश के लिये इसकी एक प्रति संलग्न है इसके पैराग्राफ.........में कहा गया है कि

"

३. कृपया यह बतायें कि—

(१)...............उक्त परिपत्र के उपबंधों को लागू करने की अब तक क्या कार्यवाही की गई है।

४. अनुरोध है कि अपेक्षित सूचना..........विभाग को शीघ्रातिशीघ्र भेजने की व्यवस्था की जाय।

प० फ०

[अनुदेश]

विषय—नदियों की गहरी धाराओं के स्थान बदलने के कारण कतिपय भूमि के झगड़ों को निबटाने के लिये अनुदेश

सरकार के पास राज्य के भिन्न-भिन्न भागों से नदियों की गहरी धाराओं के स्थान बदलने के फलस्वरूप भूमि के झगड़ों के संबंध में प्राय: शिकायतें आती हैं। यह झगड़े साधारणतया निम्न प्रकार के होते हैं :

(क) प्रशासकीय सीमाओं के सम्बन्ध में झगड़े जो

(१) इस राज्य के भिन्न-भिन्न जिलों के बीच, या

(२) इस राज्य और अन्य पड़ोसी राज्यों के बीच होते हैं।

इस प्रकार के झगड़ों से दीवानी, फौजदारी और माल के न्यायालयों के अधिक्षेत्रों के अवधारण के प्रश्न उत्पन्न होते हैं।

(ख) किसी नदी के हट जाने के कारण बाहर निकली हुई कछारी भूमि के दावों के सम्बन्ध में झगड़े। ऐसे दावे निम्न प्रकार के हो सकते हैं :

(१) मालिकाना, या/और

(२) काश्तकाराना।

२. जहां तक कि उक्त (क) (१) का सम्बन्ध है इस राज्य में जिलों की प्रशासकीय सीमायें मैनुअल, खंड···के परिच्छेद···और···में उल्लिखित नियमों के अनुसार अवधारित की जाती हैं और उक्त विषय के सम्बन्ध में स्पष्ट निदेश होने के कारण कोई कठिनाई मालूम नहीं होनी चाहिये।

उपर्युक्त (क) (२) के सम्बन्ध में यह बात है कि उपर्युक्त मैनुअल के परिच्छेद ···और···के साथ पठित परिच्छेद····और···में राज्यों की सीमाओं के संबंध में नियम दिये गये हैं। ऐसे मामलों में जिस प्रक्रिया का अनुसरण किया जायगा वह परिच्छेद··· से···तक में दी गई है। फिर भी इन कार्यवाहियों का भूमि के स्वामित्व और कब्जे के प्रश्नों पर कोई प्रभाव नहीं पड़ता है।

३. जहां तक कि उपर्युक्त (ख) का सम्बन्ध है नदी की सीमाओं के बदल जाने या नदी के हट जाने के कारण बाहर निकली हुई कछारी भूमि के फलस्वरूप उत्पन्न होने वाले स्वामित्व या कब्जे के प्रश्नों का निर्णय रेगुलेशन····के अनुसार किया जाता है, जैसा कि प्रिवी कौंसिल ने दो बहुत ही महत्त्वपूर्ण और प्रसिद्ध मुकदमों में उसकी व्याख्या की है।

(१) फेलिक्स लोपेज Felix Lopez बनाम मदनमोहन ठाकुर और
(२) सेक्रेटरी आफ स्टेट्स फार इंडिया बनाम महाराज बहादुर डुमरांव ।

१८२५ के इस रेगुलेशन में अन्य बातों के साथ-साथ यह व्यवस्था भी की गई है कि कछार भूमि के सम्बन्ध में दावों और विवादों के निर्णय भलीभाँति स्थापित और अति प्राचीन व्यवहार और प्रथाओं के अनुसार किये जायेंगे। ऐसे आचार-व्यवहार और प्रथा के न होने की दशा में निम्नलिखित नियम लागू होते हैं---

(१) नदी के हटने से छूटी हुई भूमि की धीरे-धीरे प्राप्ति उस व्यक्ति के भौमिक अधिकार में वृद्धि समझी जाती है, जिसके आस्थान में वह मिलती है।

(२) यदि नदी की धारा में सहसा परिवर्तन हो जाय और इस प्रकार से निकली हुई भूमि स्पष्ट रूप से पहचानी जा सकती हो तो वह पुराने स्वामी की ही सम्पत्ति बनी रहती है।

लोपेज के मुकदमे में यह निर्णय किया गया है कि यदि कोई भूमि एक बार पानी से बह जाय वा उसके नीचे आ जाय और उसके बाद फिर अपनी पुरानी निश्चित जगह पर पानी से बाहर निकल आये तो वह आस-पास की भूमि का बढ़ा हुआ भाग नहीं हो जाती और इसलिये वह पुराने स्वामी की ही सम्पत्ति बनी रहती है, जिसके अधिकार पानी हट जाने के कारण भूमि के फिर से बन जाने या निकल आने के समय तक निष्क्रिय थे।

४. इसके अलावा एक और मामला यह भी हो सकता है कि कभी-कभी किसी बड़ी नौगम्य नदी के बीच में एक टापू निकल आता है और ऐसे टापू और नदी के तट के बीच में बहने वाली नदी की धारा पार नहीं की जा सकती है। प्रचलित प्रथा के अनुसार वह टापू सरकार के अधिकार में रहेगा। लेकिन यदि ऐसे टापू और नदी तट के बीच की धारा वर्ष के किसी भी मौसम में पैदल पार की जा सकती हो तो वह टापू उपर्युक्त परिच्छेद में विहित शर्तों को वाधित न करते हुए उस व्यक्ति या उन व्यक्तियों के, जिनके आस्थान उस टापू के सबसे अधिक पास हों तो भौमिक अधिकार या अधिकारों में संवर्धन या इजाफा समझा जायगा।

५. कुछ ऐसे भी मामले हैं, यद्यपि उनकी संख्या बहुत ही कम है, जिनमें कोई खाली भूमि किसी नदी के तल से बाहर निकल आती है और इस विषय के कानून के अधीन वह गाँव-समाज में निहित हो जाती है।

कभी-कभी ऐसी भूमि के सम्बन्ध में होने वाले झगड़ों से शान्ति और व्यवस्था

की समस्यायें उत्पन्न हो जाती हैं। खास तौर से इस बात की वजह से कि ऐसी भूमि के नदी से बाहर निकलने पर उसकी कोई सीमायें या हदें नहीं होती हैं। इसलिये सरकार ने सभी सम्बन्धित अधिकारियों को रेगुलेशन में उल्लिखित विधि के अनुसार उक्त झगड़ों का फैसला करने के लिये जरूरी हिदायतें जारी कर दी हैं। उनको यह भी आदेश दिया गया है कि वे जहाँ आवश्यकता हो वहाँ ऐसी भूमि की हदबन्दी करायें। आजकल उन सभी जोतों की पैमाइश; जिनके कृषि योग्य क्षेत्र नदी के बहाव के कारण घटते रहते हैं, नियमावली के नियम···के अनुसार मालगुजारी के अवधारण के प्रयोजन के लिये की जाती है। सरकार ने इस विषय में भी हिदायतें जारी कर दी हैं कि यदि भूमि गाँव-समाज में निहित होगी तो उसके प्रबन्ध के सम्बन्ध में जो अधिकार गाँव-समाज को प्राप्त हैं, उनसे वह वंचित नहीं किया जायगा। जिलाधीशों को भी नियमावली के नियम···तक के साथ पठित अधिनियम की धारा···के अधीन इस बात को सुनिश्चित करने के लिये पर्याप्त अधिकार प्राप्त हैं कि भूमि-प्रबन्धक-समितियाँ भूमि का कुप्रबंध न करें। असन्तुष्ट व्यक्तियों का भी समर्थ न्यायालय में कार्यवाही कर सकने का अधिकार सुरक्षित है।

अभ्यास

१. शासकीय, अर्ध शासकीय, अशासकीय और निजी पत्रों के रूपों में उदाहरण देकर कृपया अन्तर बतायें।

२. परिपत्र और कार्यालय अनुस्मारक के रूपों में उदाहरण देकर कृपया अन्तर बतायें।

३. किसी सरकारी निदेशालय के सर्वोच्च अधिकारी की ओर से उनके अधीनस्थ कार्यालयों को संबोधित करते हुए आदेश का आलेख कृपया प्रस्तुत करें :

(क) कार्यालय में हिन्दी के अधिकाधिक प्रयोग को प्रोत्साहित करते हुए,

(ख) कतिपय स्थितियों में हिन्दी के प्रयोग को आवश्यक बताते हुए,

(ग) सरल हिन्दी या प्रचलित उर्दू के शब्दों के प्रयोन पर जोर देते हुए,

(घ) आवश्यकतानुसार अंग्रेजी पर्यायवाची शब्दों के 'अप्रचलित' किन्हीं हिन्दी शब्दों के अर्थ का सुझाव देते हुए, (१९६१)

४. इस प्रयोजन से कि सरकारी कार्य हिन्दी के माध्यम से ही निष्पादित हो,

प्रत्येक विभाग में एक हिन्दी विशेषाधिकारी की नियुक्ति को आवश्यक बताते हुए मुख्य सचिव, उत्तर प्रदेश शासन की ओर से विभागाध्यक्षों को एक शासकीय पत्र का प्रालेख प्रस्तुत करें।

५. कतिपय जिला अधिकारियों ने पदोन्नति हेतु अपने जिले के तीन सर्वोच्च ग्राम सेवकों के नाम अभी तक शासन को नहीं संस्तुत किये हैं। कृपया उन्हें एक अनुस्मारक भेजने का प्रालेख तैयार करें।

६. रामपुर जिले की गन्ना मिलों में पर्याप्त मात्रा में ईख न पहुँचने के कारण मिलें बन्द होने की संभावना है। कृपया तार द्वारा सम्बन्धित जिला अधिकारी से आख्या माँगने का प्रालेख प्रस्तुत करें।

७. कतिपय जिलों में किसानों द्वारा कुछ माँगों के सिलसिले में प्रदर्शन होने की रिपोर्ट मिली है। विधान सभा में इस बारे में प्रश्न पूछा गया है। एक शासकीय पत्र द्वारा संबंधित जिला अधिकारियों से तुरन्त आख्या माँगने का प्रालेख प्रस्तुत करें जिसमें उनसे पूछा जाय कि किसानों की क्या माँगें थीं और उनपर क्या कार्यवाही की गयी।

[ये प्रश्न और इस प्रकार के प्रश्न उत्तर प्रदेश लोक सेवा आयोग द्वारा आयोजित सचिवालय के सहायकों की प्रतियोगात्मक परीक्षाओं में पूछे जाते रहे हैं और पूछे जाते हैं।]

● ● ●

परिशिष्ट : ३

(संक्षिप्त लेखन के नमूने)

संक्षेप कीजिये :—

दृढ़तापूर्वक मान लीजिये कि आपकी उस वस्तु के साथ एकता है, जिसकी आपको जरूरत है। आप अपने मन, वचन और काया को उस वस्तु की ओर लगा दें। उसकी प्राप्ति में तिल मात्र भी संदेह न रखें। आपको उसके प्राप्त करने में अवश्य सफलता होगी—आप उसे अवश्य आकृष्ट कर सकेंगे।

गरीबी हमारा मानसिक रोग है। यदि आप इससे पीड़ित हों, यदि आप इस रोग के शिकार हों, तो अपने मानसिक भाव को बदल दें और दुःख-दरिद्रता और लाचारी के विचार मन में लाने के बदले सुख-समृद्धि; ऐश्वर्य, स्वाधीनता और आनन्द के विचारों से अपने मानस-क्षेत्र को प्रकाशित करें। फिर यह देख कर आपके आश्चर्य का पार न रहेगा कि आपका सुधार, आपकी उन्नति कितने जोरों से हो रही है।

हमें विजय और सफलता पूर्णतया मन की वैज्ञानिक क्रिया से प्राप्त होती है। जो मनुष्य समृद्धिशाली और सौभाग्यशाली होता है, उसका पूर्णतया यह विश्वास रहता है कि मैं समृद्धिशाली और सौभाग्यशाली हो रहा हूँ। उसे अपनी पैसा कमाने की योग्यता पर विश्वास रहता है। वह अपने व्यवसाय को संदेहयुक्त और शंकाशील मन से शुरू नहीं करता। वह अपने समय को गरीबी की बातों तथा विचारों में नहीं गवाँता। दरिद्रता से लड़खड़ाता हुआ नहीं चलता और न वह गरीब की सी पोशाक ही पहनता है। वह अपनी शक्ति को उस वस्तु की ओर मोड़ता है, जिसके लिये वह कोशिश कर रहा है तथा जिसकी प्राप्ति में उसका पूरा विश्वास और दृढ़ निश्चय है।

देश में ऐसे हजारों गरीब लोग हैं, जो अपनी गरीबी से अर्द्ध-संतुष्ट हो गये हैं और जिन्होंने उसके विकराल पंजों से निकलने का प्रयत्न ही छोड़ दिया है। अब चाहे वे कितना ही कठिन परिश्रम करें, उन्होंने तो अपनी आशा खो दी है—स्वाधीनता प्राप्त करने की आशा नष्ट कर दी है।

बहुत से मनुष्य ऐसे होते हैं जो गरीबी के डर से अपने-आप को गरीब बना लेते हैं।

देखा जाता है कि बहुत से बच्चों का मन गरीबी के विचार से भर दिया जाता है सुबह से शाम तक वे गरीब ही गरीब की बातें सुनते रहते हैं। उनकी दृष्टि जिधर

जाती है, उधर ही दरिद्रता के चित्र उनको दिखाई पड़ते हैं। वे प्रत्येक मनुष्य के मुंह से ऐसे ही आत्म-घातक विचार सुनते हैं। मतलब यह है कि उसमें चारों ओर से दरिद्रता ही दरिद्रता की प्रेरणा हुआ करती है।

इस बात में क्या आश्चर्य है कि जो बच्चे इस तरह के वायु-मण्डल में छोटे से बड़े होते हैं, वे अपने मां-बाप की दीनता भरी स्थिति को फिर ताजा कर देते हैं, अर्थात् वे कटे पर नमक छिड़क देते हैं।

क्या आपने कभी इस बात का विचार किया है कि गरीबी से आप जो भय खाते हैं, सफलता में आपकी जो खिन्नता है, दुर्दिन से आपका जो कलेजा कांपता है, ये बातें आपको केवल दुखी ही नहीं करती हैं, परन्तु आपको अपनी आर्थिक दशा सुधारने के योग्य भी नहीं रखतीं। इस तरह उस दु:सह भारत को और भी भारी कर रहे हैं जो पहले ही आपसे नहीं उठता था।

कुछ परवाह नहीं कि आपके आस-पास का दृश्य भयानक हो, कुछ परवाह नहीं कि आपकी परिस्थिति कठोर हो। उस पदार्थ से आप अपने मन को हटा लीजिए जो आपको अहितकर मालूम होता हो, उस स्थिति से अपने मुख को मोड़ लीजिये जो आपको गुलाम बनाती हो और आपके सर्वोत्कृष्ट विकास में बाधा देती हो। [शब्द ५४२]

●

प्रवाह संक्षेप

विचारों की एकता और सफलता

एकाग्र चिन्तन से अभीष्ट वस्तु की प्राप्ति होती है, इसमें कोई संदेह नहीं। यदि निर्धनता को दूर करना है, तो हमें सुख-समृद्धि, ऐश्वर्य का निरन्तर ध्यान करना होगा। तब उन्नति अवश्यम्भावी है। सफलता की कुञ्जी श्रद्धा है।

निरुत्साह और निराशा व्यक्ति को पंगु बना देती है। गरीबी से असंतुष्ट कितने ही व्यक्ति आज निस्सहाय हैं, क्योंकि उनका मानसिक दृष्टिकोण दूषित हो गया है, वे अपनी आशा ही खो बैठे हैं, उनका आत्म-बल जाता रहा है।

गरीबी के वातावरण में पोषित बालक, जो दिन-रात निर्धनता और दीनता के ही राग सुनता रहता है, बड़ा होने पर नैराश्य का ही अंधकार फैलाता है और दुःख का कारण बनता है।

किन्तु यदि हम कठोर और भयानक परिस्थितियों से मन मोड़ कर आनन्दमय परिस्थितियों की कल्पना करें और अपने में दृढ़विश्वास रखें तो सफलता की माला हमारे ही गले में पड़ेगी !

[शब्द १३८]

• • •

[तालिका संक्षेप]

क्रम सं०	पत्र सं०	दिनांक	प्रेषक	प्रेषिती	प्रत्येक पत्र का आशय
१	२	३	४	५	६
१	...	...	...	...	सरकारी कार्यों में हिन्दी की प्रगति—प्रयत्नों तथा कार्यक्रम का उल्लेख । हिन्दी प्रालेखन तथा हिन्दी टिप्पणी में शिक्षण देने का कार्यक्रम—राज्य के मुख्यालय में हिन्दी कक्षायें खोलने की व्यवस्था ।
२	....	...	...	...	उत्तर प्रदेश में संविलीन भूतपूर्व राज्य के अवकाश प्राप्त के पेंशन का मामला ।
३	...	...	...	....	राजस्थान शासन और उत्तर प्रदेश राज्य शासन एवं मध्य प्रदेश राज्य शासन के बीच होने वाले शासकीय पत्र-व्यवहार में देवनागरी लिपि में लिखित हिन्दी भाषा का प्रयोग किये जाने का करारनामा ।

●●●

परिशिष्ट : ४

[मुद्रण-शोधन]

"दुर्लभं भारते जन्म मानुष्यं तत्र दुर्लभं ।

हमारे पूर्वजों ने गाया है कि 'भारत में जन्म पाना
दर्लभ है और उसमें भी मनुष्य-जन्म तो और भी दुर्लभ
है । हमारे इस देश के प्रति उनके में कितनी पवित्र
भावना थी ! बहुत पुण्य करने पर ही भारत भूमि में
जन्म होता है—इसका क्या अर्थ है आप जो
समझते हैं उससे अधिक इसके अर्थ हैं । भारत
भूमि में पाना जन्म दुर्लभ है और मनुष्य काजन्म
पाना तो और भी दुर्लभ है अर्थात् इस भूमि में
कीड़े मकोड़े का जन्म पाना भी दुर्लभ है । य
ह ऐसी पुण्यभूमि है कि यहाँ की धूलि में जन्तु का
जन्म लेना भी भाग्य की बात है, क्योंकि सत्पुरुषों के पाँव
इसी भूमि पर पडे हैं । ऐसा वाक्य मैंने दुनियाँ की किसी दूसरी
भी भाषा में नहीं पढ़ा ।

हर एक देश में मातृ-भूमि के लिए प्रेम होता है ।
मातृभूमि के प्रेम का ठेका हिन्दुस्तान ने ही नहीं लिया है
परन्तु 'इस भूमि में जन्तु का जन्म भी पाना दुर्लभ है' ऐसा
भाव हमने और कहीं भी नहीं पढ़ा ।

भाइयो ऐसी पुण्य भूमि में जन्म पाना है तो वैसे ही पुण्य
के काम किया करें । हमारा घर हमारा परिवार, हमारी
सम्पन्ति हमारी जमीन ये सब चीज़ें हमारी नहीं हैं । ये
सबकी सेवा के लिये हमारे पास आई हैं । हम तो सँभालने
वा ले हैं, ट्रस्टी हैं—ऐसी भावना रक्खो । जहाँ माँगने
वाला पात्र देने के लिये हमें तैयार रहना चाहिए ।

— संत विनोबा भावे

[पूर्वपृष्ठ का शुद्ध रूप]

"दुर्लभं भारते जन्म मानुष्यं तत्र दुर्लभं ।"

हमारे ऋषियों ने गाया है कि 'भारत में जन्म पाना दुर्लभ है और उसमें भी मनुष्य-जन्म तो और भी दुर्लभ है।' हमारे इस देश के प्रति उनके मन में कितनी पवित्र भावना थी! 'बहुत पुण्य करने पर ही भारत भूमि में जन्म होता है'—इसका क्या अर्थ है? आप जो समझते हैं उससे अधिक इसके अर्थ हैं। भारत भूमि में जन्म पाना दुर्लभ है और मनुष्य का जन्म पाना तो और भी दुर्लभ है। अर्थात् इस भूमि में कीड़े-मकोड़े का जन्म पाना भी दुर्लभ है। यह ऐसी पुण्य भूमि है कि यहाँ की धूलि में जन्तु का जन्म लेना भी भाग्य की बात है, क्योंकि सत्पुरुषों के पाँव इस भूमि पर पड़े हैं।

ऐसा वाक्य मैंने दुनिया की दूसरी किसी भी भाषा में नहीं पढ़ा है। हर एक देश में मातृ-भूमि के लिएप्रेम होता है। मातृ-भूमि के प्रेम का ठेका हिन्दुस्तान ने ही नहीं लिया है; परन्तु 'इस भूमि में जन्तु का जन्म भी पाना दुर्लभ है' ऐसा भाव हमने और कहीं भी नहीं पढ़ा।

भाइयो! ऐसी पुण्य भूमि में जन्म पाना है तो वैसे ही पुण्य के काम किया करें। हमारा घर, हमारा परिवार, हमारी सम्पत्ति, हमारी जमीन—ये सब चीजें हमारी नहीं हैं। ये सब की सेवा के लिये हमारे पास आई हैं। हम तो संभालने वाले हैं, ट्रस्टी हैं—ऐसी भावना रक्खो। जहाँ माँगने वाला पात्र आयेगा वहाँ फौरन उसे दे देने के लिए हमें तैयार रहना चाहिए।

—संत विनोबा भावे।

•••

परिशिष्ट : ५

(प्रतिमित प्रालेख प्रपत्र)

संख्या………………

प्रेषक………………

………………

सेवा में………………

………………

लखनऊ, दिनांक………

विषय………………

महोदय,

आपका ध्यान सरकारी आदेश संख्या………, दिनांक……… की ओर आकृष्ट करते हुए मुझे यह अनुरोध करने का निदेश हुआ है कि विभाग उसमें उल्लिखित आदेशों का पूर्ण रूप से पालन किया जाय।

२. इस परिपत्र की आवश्यकता इसलिए हुई कि इस विषय पर दिनांक……………को प्रश्नों के उत्तर देते समय शासन की ओर से विधान सभा को यह आश्वासन दिया गया था कि उल्लिखित आदेशों को सख्ती के साथ कार्यान्वित करने की व्यवस्था की जायगी।

भवदीय,
सचिव

संख्या………

प्रतिलिपि सचिवालय के समस्त विभागों को आवश्यक कार्यवाही के लिए प्रेषित।

आज्ञा से
सचिव।

[२]

संख्या............

प्रेषक............

....

सेवा में............

....

लखनऊ, दिनांक........

विषय..............

महोदय,

श्री ....

को सम्बोधित पत्र सं० ...., दिनांक........, जिसमें......की शिकायत प्रार्थना की गयी है, इस कार्यालय में प्राप्त हुआ है। मूल पत्र आपके पास भेजते हुए मुझे यह कहने का निदेश हुआ है कि आप कृपया इस सम्बन्ध में उचित कार्यवाही करें।

२. प्रार्थी को इस सम्बन्ध में आपसे पत्र-व्यवहार करने को लिख दिया गया है।

भवदीय,

सचिव

सहपत्र—

[३]

संख्या............

प्रेषक

....

....

सेवा में

....

....

लखनऊ, दिनांक.........१९८

विषय.............

महोदय,

उपर्युल्लिखित विषय पर आपके पत्र संख्या........., दिनांक.........१९८ के क्रम में मुझे निदेश हुआ है कि मैं आपको सूचना तथा पथ-प्रदर्शन तथा पार्श्व लिखित पत्रों की एक-एक प्रति संलग्न करूँ।

भवदीय,
उप सचिव

संख्या.............

प्रतिलिपि सूचनार्थ निम्नांकित को भेजी जाती है :

....

आज्ञा से,
उप सचिव

[४]

संख्या..............

प्रेषक

....

....

सेवा में

....

....

लखनऊ, दिनांक.........१९

विषय : श्री.........को निवृत्ति-वेतन

महोदय,

...... मुझे निदेश हुआ है कि मैं श्री.......................................
विभाग की सेवा में निवृत्ति (रिटायरमेंट) से संबंधित सरकारी आदेश सरकारी पृष्ठांकन संख्या........., दिनांक.........की ओर आपका ध्यान आकृष्ट करूँ और यह अनुरोध करूँ कि श्री.......के निवृत्ति-वेतन-पत्र बनाने की कार्यवाही अब प्रारम्भ की जाय। पत्रों के पूर्ण हो जाने पर इन्हें कृपया महालेखापाल, उत्तर प्रदेश को तुरंत भेज दिया जाय जिससे कि महालेखापाल श्री.....................के निवृत्ति-वेतन सम्बन्धी स्वत्व के सम्बन्ध में अपना प्रतिवेदन सरकार के पास भेज सकें।

भवदीय,

सचिव

संख्या............

प्रतिलिपि, महालेखापाल उत्तर प्रदेश को...................विभाग के पत्र संख्या........., दिनांक............के क्रम में इस अनुरोध के साथ भेजी जाती है कि वे यथासमय अधिकारी के निवृत्ति-वेतन सम्बन्धी स्वत्व पर अपना प्रतिवेदन भेज दें।

आज्ञा से,

सचिव।

[५]

संख्या............

प्रेषक

....

....

सेवा में,

....

....

लखनऊ, दिनांक........१९८

विषय

महोदय,

......

उपर्युल्लिखित विषय पर आपके पत्र संख्या.................., दिनांक

विभाग

..................., के निर्देश के सरकारी आदेश सं०...... ....दिनांक
..............., की प्रतिलिपि भेजते हुए यह कहने का निदेश हुआ है
कि अपेक्षित सूचना इस विभाग को भेज दी जाय।

भवदीय,

सचिव

[६]

संख्या..........

प्रेषक

....

....

सेवा में

....

....

लखनऊ, दिनांक.......१९८

विषय.........

महोदय,

आपके पत्र संख्या................, दिनांक................, के संदर्भ में मुझे यह कहने का निदेश हुआ है कि उपर्युल्लिखित विषय अब भी सरकार के विचाराधीन है। अंतिम विनिश्चय हो जाने पर आपको सूचित किया जायगा।

भवदीय,

सचिव

[७]

संख्या·····..........

प्रेषक

....

....

सेवा में

....

....

लखनऊ, दिनांक······१९

विषय·············

महोदय,

आपके पत्र संख्या······, दिनांक······, के संदर्भ में मुझे यह कहने का निदेश हुआ है कि आवश्यक सूचना जिलाधीश से मांगी गई है और उनसे प्रतिवेदन प्राप्त होने पर इस सम्बन्ध में आपको सूचित किया जायगा।

भवदीय,

सचिव

[अर्ध-शासकीय पत्र]

.... अर्ध-शासकीय पत्र सं०...................

(नाम)

.... विभाग..................

(पदनाम) लखनउ, दिनांक.........

प्रिय............

कृपया श्री...के सम्बन्ध में अपना अर्ध-शासकीय पत्र संख्या......, दिनांक..., देखें।

२. मुझे आपसे यह कहने का निदेश हुआ है कि आपने जो स्थिति बतायी है उसे देखते हुए सरकार इससे सहमत है कि श्री क को ३१ मार्च १६८८ से १ वर्ष की और अवधि तक भारत सरकार की सेवा में रहने दिया जाय।

भवदीय,
मुख्य सचिव

श्री..................

सचिव, भारत सरकार,
गृह मंत्रालय,
नई दिल्ली

[२]

श्री..........

(पदनाम)......

अर्ध-शासकीय पत्र सं०..........

....

....

....

लखनऊ, दिनांक,...१९

प्रिय,

मैं आपका ध्यान....................विषयक इस विभाग के पत्र संख्या...
........, दिनांक..............तथा अनुवर्ती ज्ञाप सं०........, दिनांक........,
की ओर आकृष्ट करता हूँ और यह अनुरोध करता हूँ कि उक्त विषय में आप कृपया
अपना प्रतिवेदन इस विभाग को शीघ्रातिशीघ्र भेज दें।

भवदीय,

श्री..................

....

....

[३]

श्री..........

अर्ध-शासकीय पत्र संख्या...

(पदनाम)......

....

.........विभाग,

लखनऊ, दिनांक...१६

प्रिय श्री..........

कृपया..........के अर्ध-शासकीय पत्र संख्या......दिनांक......तथा अनुवर्ती अर्ध-शासकीय अनुस्मारक दिनांक..........को देखें।

२. अनुरोध है कि उपर्युल्लिखित विषय पर अपेक्षित प्रतिवेदन अपनी टिप्पणियों तथा सिफारिशों सहित इस विभाग को अविलम्ब भेजने का कष्ट करें।

भवदीय,

....

श्री..............

....

....

……………सरकार

……………विभाग

सं०… …………

लखनऊ, दिनांक……

कार्यालय ज्ञाप

विषय……………

श्री…………को उनके आवेदन पत्र दिनांक………, के सम्बन्ध में यह सूचित किया जाता है कि चूंकि सचिवालय में…………के पद पर नियुक्ति के लिये उनके पास न्यूनतम शैक्षिक अर्हता नहीं है, अतएव सरकार को खेद है कि उनकी प्रार्थना पर विचार करना सम्भव नहीं है।

उप सचिव

श्री……………

……………

……………

[२]

ज्ञाप

..................सरकार

..................विभाग

संख्या..................

लखनऊ, दिनांक..................१९

कार्यालय ज्ञाप

विषय : ....

पत्र सं०..................	मुझे यह निदेश हुआ है कि मैं आपका ध्यान पार्श्व-लिखित पत्र-व्यवहार की ओर आकृष्ट करूं और यह पूछूं कि इस सम्बन्ध में आपके उत्तर की कब तक आशा की जाय।
दिनांक..................	

सहायक सचिव,

श्री..................

....

....

[३]

..............सरकार

..............विभाग

संख्या............

लखनऊ, दिनांक.........

कार्यालय ज्ञाप

विषय....................

श्री...को उनके अभ्यावेदन दिनांक....................., के सम्बन्ध में यह सूचित किया जाता है कि सरकार को खेद है कि उनकी प्रार्थना स्वीकृत करना सम्भव नहीं है।

उप सचिव

श्री..............

....

....

[४]

............सरकार

............विभाग

संख्या...... दिनांक.......१९

कार्यालय ज्ञाप

विषय............

आपका ध्यान इस विभाग से निर्गत आदेश संख्या.........., दिनांक......... की ओर आकृष्ट किया जाता है और आपसे प्रार्थना की जाती है कि कृपया इस सम्बन्ध में अपना उत्तर शीघ्र भेज दें।

....

पोस्टकार्ड के रूप में दूसरी ओर

सेवा में

....

....

[५]

...............सरकार

...............विभाग

संख्या...............

लखनऊ, दिनांक......., १९

ज्ञाप

विषय : नौकरी के लिये आवेदन

उपर्युल्लिखित विषय पर श्री...............................को सम्बोधित आपका दिनांक...का पत्र प्राप्त हुआ।

२. कृपया अपना आवेदन-पत्र सीधे जिला सेवायोजन अधिकारी को भेजें।

श्री...............

....

(अनुस्मारक)

संख्या..........

प्रेषक

श्री..........,

अनुसचिव,

..............सरकार

सेवा में,

श्री..........

....

लखनऊ, दिनांक..........१९८

विषय

निर्देश

आपका पत्र संख्या.......... दिनांक..........

महोदय,

मुझे आपसे पूछने का निर्देश हुआ है कि उपर्युक्त निदेश के सम्बन्ध में आपके आगामी पत्र की कब तक प्रतीक्षा की जाय

विभाग

भवदीय,

अनु-सचिव

(अनुवर्ती अनुस्मारक)

संख्या..............

प्रेषक

....

....

सेवा में,

....

....

लखनऊ, दिनांक, ...१९८

विषय.........

महोदय,

मुझे निदेश हुआ है कि मैं आपका ध्यान सरकारी आदेश संख्या............................, दिनांक.................................... तथा अनुवर्ती अनुस्मारक संख्या..............., दिनांक........................... की ओर आकृष्ट करूँ और यह अनुरोध करूँ कि अपेक्षित सूचना यथा-शीघ्र इस विभाग को भेज दी जाय।

भवदीय,

....

[अनुस्मारक]

………सरकार

………विभाग

संख्या………

दिनांक……

कार्यालय ज्ञाप

विषय

निर्देश

सरकारी आदेश संख्या दिनांक

उपर्युक्त आदेश के सम्बन्ध में आपके उत्तर की प्रतीक्षा अभी तक की जा रही है। आशा है कि उत्तर शीघ्र ही दिया जायगा।

अधीक्षक

………विभाग

सेवा में

············सरकार

अनुस्मारक ············विभाग

संख्या·············

दिनांक······१९

विषय

निर्देश

आपका पत्र संख्या दिनांक

आपके उपर्युक्त पत्र के सम्बन्ध में उक्त विषय पर आपके प्रतिवेदन की प्रतीक्षा की जा रही है। आशा है कि उसे शीघ्र ही भेजने का कष्ट करेंगे।

अधीक्षक,
············विभाग

[५–चिकित्सक (डाक्टरी) प्रमाण-पत्र]

प्रार्थी के हस्ताक्षर........

अराजपत्रित कर्मचारी के छुट्टी देने, छुट्टी बढ़ाने या उसमें परिवर्तन करने के लिये चिकित्सक (डाक्टरी) का प्रमाण-पत्र ।

मैं...... भली प्रकार परीक्षण के पश्चात् प्रमाणित करता हूँ कि.......... जिनके हस्ताक्षर ऊपर हैं,..........से पीड़ित हैं, और मेरे विचार से स्वास्थ्य-लाभ के लिये..... ...से.........दिनों तक उनको कार्य से अनुपस्थित रहना अत्यन्त आवश्यक है ।

हस्ताक्षर.........

सरकारी चिकित्सा परिषद्
अथवा
रजिस्टर्ड चिकित्सक

तारीख.........

स्थान...........

प्रार्थी के हस्ताक्षर.........

हम चिकित्सा समिति के सदस्य ....का सिविल सर्जन
मैं.................................. का रजिस्टर्ड चिकित्सक

प्रमाणित करते हैं/करता हूं कि हमने/मैंने विभाग के... ...का, जिनके हस्ताक्षर ऊपर हैं, भली प्रकार परीक्षण कर लिया है। श्री...... ......अब निरोग हैं और सरकारी काम करने के योग्य हैं। हम/मैं यह भी प्रमाणित करते हैं/करता हूं कि इस निर्णय के पूर्व हमने उस/उन मूल डाक्टरी प्रमाण-पत्र (पत्रों) और विवरण (विवरणों) की (या उसकी/उनकी प्रमाणित प्रतियों की) जिसके/जिनके आधार पर छुट्टी मंजूर की गई या बढ़ाई गई थी, जाँच कर ली है, और निर्णय करते समय उसका/उनका ध्यान रखा है।

तारीख............... हस्ताक्षर............

स्थान............... पदनाम...........

परिशिष्ट : ६

[विविध]

सभा परिषद् प्रश्नोत्तर

·····················सभा परिषद् के वर्तमान सत्र के······················१९······················

की बैठक के लिये श्री······················द्वारा पूछे गये अल्पसूचित तारांकित प्रश्न का

उत्तर

प्रश्न	उत्तर
क्या सरकार यह बताने की कृपा करेगी कि······················अब तक इधर सरकार ने क्या-क्या कार्यवाहियाँ की हैं और निकट भविष्य में इसके वास्ते क्या-क्या कदम उठाने जा रही है ?	इसके सम्बन्ध में··············सरकार द्वारा की गयी कार्यवाहियों का संक्षिप्त ब्योरा आदेश सं०··············दिनांक······················में दिया गया है, जिसकी प्रति मेज पर रख दी गई है।··············की भी, जिसका जिक्र उक्त आदेश में है, एक प्रति मेज पर रख दी गई है। इसमें··············के सम्बन्ध में सविस्तार सूचना दी गई है। २. इसके अतिरिक्त अभी हाल में इस सम्बन्ध में जो उपाय और किये गये हैं, उनका भी ब्योरा विवरण-पत्र में दे दिया गया है, उसकी भी एक प्रति माननीय सदस्य के मेज पर रख दी गई है। ३. इस सम्बन्ध में निकट भविष्य में क्या और कार्यवाही की जाय, इस पर भारत सरकार द्वारा गठित आयोग की रिपोर्ट प्रकाशित हो जाने पर निर्णय किया जायगा। मंत्री।

[शुभ कामनायें तथा सन्देश]

अर्ध सरकारी पत्र सं०..............

....विभाग

(नाम)

....

....

(पदनाम) ....

प्रिय

.............कालेज की हीरक जयंती का उद्‌घाटन....................मंत्री, द्वारा इसी महीने में होने जा रहा है यह जान कर बड़ा हर्ष हुआ। यह कालेज, जो सन्.............में स्थापित हुआ था, ...की एक बड़ी पुरानी संस्था है और उसने शिक्षा की प्रगति के लिए सराहनीय कार्य किया है। मुझे पूर्ण आशा है कि भविष्य में भी यह संस्था दिन पर दिन तरक्की करती रहेगी और शिक्षा के क्षेत्र में एवं नवयुवकों के चरित्र-निर्माण में, जिस पर देश की भावी आशायें निर्भर हैं, योग देती रहेगी।

अतः इस शुभ अवसर पर मैं इस उन्नतिशील संस्था के लिये अपनी शुभ कामनायें भेज रहा हूं।

भवदीय
सचिव

सेवा में

....

....

सं०……………

(नाम)

……………विभाग

(पदनाम)

दिनांक……………

प्रिय……………

गतमास……………को आपकी सभा द्वारा आयोजित हरि कीर्तन का रसास्वादन करने का मुझे सौभाग्य प्राप्त हुआ और गोविन्द गुणगान एवं हरि-चर्चा के श्रवण-मनन का शुभावसर मिला। ईश्वर की असीम कृपा से ही ऐसा सत्संग सुलभ होता है।

श्री हरि संकीर्तन सभा का ध्येय, जहाँ तक मैं समझ पाया हूँ—

सर्वे भवन्तु सुखिनः सर्वे सन्तु निरामयः।
सर्वे भद्राणि पश्यन्तु मा कश्चित् दुःख भाग्भवेत

है जो हर्ष का विषय है। आज जब सामाजिक संगठन विश्रृङ्खल हो गया है, मानवता उद्विग्न और उत्पीड़ित है और 'बहुजन हिताय बहुजन सुखाय' की भावना लुप्त सी हो रही है, उस समय आपकी सभा 'परदुःख निवारणम्' की भावना से प्रेरित होकर लोगों के कल्याण में रत है और हरि कथा, हरि संकीर्तन द्वारा मानव-समाज में आशा, उत्साह का संचार, धर्म और निष्ठा का प्रतिष्ठापन करती है—यह जान और देखकर अपार सुख होता है।

ऐसा स्थान, जहाँ सरस और आनन्ददायिनी हरि-कथा होती हो, मधुरतम भजन सतत सुनाये, गाये और ध्याये जाते हों, सर्वलोक सुलभ सद्ग्रंथों का पठन-पाठन होता हो, वही भक्तवत्सल भगवान् का वास है। भगवान् का स्वयं वचन है :

'मद्भक्ता यत्र गायन्ति तत्र तिष्ठामि नारद।'

हरि-संकीर्तन में विषय-ग्रस्त, भय-त्रस्त शरण पायेंगे, तृषित की तृष्णा बुझेगी और क्षुधित की क्षुधा शान्त होगी, पीड़ित आश्रय और असहाय अवलम्ब पायेंगे—ऐसा मेरा अटूट विश्वास है।

क० ख० ग०

………………………सरकार

दिनांक………………………

इस देश में प्रथम पंचवर्षीय योजना विधिवत् पूर्ण हो गयी है। अब द्वितीय पंचवर्षीय योजना के अनुसार कार्य हो रहा है। वस्तुतः राष्ट्र की समृद्धि पंचवर्षीय योजना की सफलता पर ही निर्भर है। उत्तर प्रदेश राज्य की सम्पन्नता विशेषतः राष्ट्रीय प्रसार सेवा खंडों तथा सामुदायिक योजना क्षेत्रों की प्रगति एवं विकास पर अवलंबित है। यह हर्ष का विषय है कि कृषि, सिंचाई, एवं नगर नियोजन आदि, सभी दिशाओं में आशानुकूल प्रगति हो रही है। इस राज्य में……………नगरी का तो एक बड़ा महत्त्वपूर्ण स्थान है, अतएव कोई आश्चर्य नहीं कि इस जिले से सर्वतोमुखी विकास की सूचनायें प्राप्त हो रही हैं।

यह उचित ही है कि राष्ट्र के विकास में संलग्न सभी कार्यकर्ताओं को विभिन्न कार्यकलापों एवं लक्ष्यों से अवगत कराया जाय। विकास विशेषांक इसी उद्देश्य से आप निकाल रहे हैं यह शुभ संवाद है। मैं आपको हृदय से बधाई देता हूँ और आपके प्रयासों की सफलता के लिए कामना करता हूँ।

……

सचिव

..........सचिवालय

लखनऊ, दिनांक............

नवयुवक राष्ट्र की निधि हैं और नवयुवकों की उन्नति वस्तुतः राष्ट्र की उन्नति है। देश की भावी आशायें उसके नवयुवकों पर ही निर्भर हैं। अतएव नवयुवकों को सुशिक्षित, समुन्नत, तथा चरित्रवान बनाना हम सब का कर्तव्य ही नहीं अपितु धर्म भी है। यह हर्ष की बात है कि............अपने इस कर्तव्य के प्रति जागरूक है और अपनी पाक्षिक पत्रिका द्वारा देश के नवयुवकों में स्फूर्त्ति का संचार करता है, उनके चरित्र-निर्माण में योग देता है और उनका मार्ग प्रशस्त करता है। इस पुनीत अवसर पर आपकी पत्रिका का विशेषांक निकल रहा है यह एक शुभ संवाद है।

मैं आशा करता हूँ कि इस पुण्य पर्व पर देश के नवयुवक देश और समाज के हित साधन में रत रहने के व्रत का अनुष्ठान करेंगे।

मंत्री

पुलिस—३४१

तृतीय (Triplicate)

अभिलेख

प्रथम सूचना प्रतिवेदन

दण्ड प्रक्रिया संग्रह (Criminal Procedure code) की धारा १५४ के अधीन पुलिस द्वारा हस्तक्षेप्य (Cognizable) अपराध की प्रथम सूचना

थाना...

जिला...

पर दी गई।

संख्या..............घटना का दिनांक व समय..

....

सूचना घटना-स्थल और थाने से थाने को भेजे जाने का दिनांक दूरी तथा दिशा

अवधेय :—इस पर प्रथम सूचना देने वाले के हस्ताक्षर हों अथवा उसका अंगुष्ठ चिह्न लगा हो।

इसे सूचना लिखने वाला पदाधिकारी अभिप्रमाणित (attest) करेगा।

सूचना देने वाला और अभियोक्ता का नाम तथा निवास-स्थान	अभियुक्त का नाम तथा निवास-स्थाक	अपराध धारा तथा अभिगृहीत सम्पत्ति (यदि कोई हो) का संक्षिप्त विवरण	अनुसंधान के सम्बन्ध में की गई कार्यवाही तथा सूचना दर्ज करने में देरी का कारण	मुकदमे का परिणाम
१	२	३	४	५

हस्ताक्षर..............

पद..................

(प्रथम सूचना पृष्ठ भाग में दर्ज की जायगी)

नोट :—सूचना देने वाले हस्ताक्षर, मुहर या अंगुष्ठ-चिह्न प्रतिवेदन के अन्त में हो ।

• • •

भाग : तीन

•

लेटिन ग्रीक तथा अन्य आधुनिक विदेशी भाषाओं के कुछ प्रचलित शब्दों एवं वाक्यांशों के हिन्दी पर्याय

•

सामान्य प्रयोग के अंग्रेजी वाक्यांशों के हिन्दी पर्याय

•

लेटिन, ग्रीक तथा अन्य आधुनिक विदेशी भाषाओं के प्रचलित शब्दों एवं वाक्यांशों के हिन्दी पर्याय

पदावली तथा वाक्यांश	अंग्रेजी के अर्थ	हिन्दी पर्याय
	'A'	
ad : nte	(L) from before	पहले से, पूर्व से
a batons rompus	(Fr) by fits and starts	यकायक काम करना
ab initio	(L) from the beginning	प्रारम्भ से
ab origne	(L) from the origin or beginning	प्रारम्भ से
absence d'espirit	(Fr) absence of mind	शून्यमनस्थता
ab alium diem	(L) at another day	अन्य दिन
ab certum diem	(L) at a certain day	निश्चित दिन
ad curiam	(L) at a court	न्यायालय में
ad hoc	(L) for this object	तदर्थ
ad injinitum	(L) to infinity	अनन्त तक
ad nauseum	(L) for the meantime	अन्त:कालीन
ad nauseum	(L) to the Pitch of producing disgust	भावद्ग्लानि
ad referendum	(L) to be further donsidered	और विचार किया जाय
ad valorem	(L) according to value	यथा मूल्य
ad verbum	(L) to a word, verbally	शब्दश:
agent provocateur	(L) a spy who professing sympathy eggs on his victims	प्रकोपक, दुरुत्साहक

age quod agis	(L) with all your powers	यथाशक्ति
aide-memoire	(Fr) an aid to memory	स्मृति-पत्र
a la boune heure	(Fr) in favourable times	अनुकूल समय में
a la mode	(Fr) according to the custom, in fashion	यथा रीति, फैशन में
alma mater	(L) benign mother applied by old student to their University	मेरी श्रद्धा माता (अपने विश्वविद्यालय के लिए विद्यार्थियों द्वारा प्रथम शब्द)
al pasto	(It) according to a fixed rate-of meals in a restaurant	निश्चित दर के अनुसार
a mon avis	(Fr) in my opinion	मेरे मत में
a natura rei	(L) from the nature of the case	प्रकरण के विचार से
ante meridiem	(L) before noon	पूर्वाह्न
apropos	(L) opportune	समयोचित
argumenti causa	(L) for the sake of argument	तर्क के लिए

'B'

bon voyage	(Fr) a good journey to you	शिवास्ते पन्थान:
bonafides	(L) good faith	सद्भाव

'C'

conditio sine qua non	(L) an indispensable condition	अनिवार्य शर्त
coupd'etat	(Fr) illegal overthrow of a government	राज्य का तख्ता उलट देना
coup de bonheur	(Fr) stroke of goodluck	सौभाग्य

cum grano salis	(L)	with a grain of salt, with some allowance	

'D'

de facto	(L)	for the fact, really	वस्तुतः, वास्तविक
de jure	(L)	in law, by right	विधि-सम्मत
denovo	(L)	anew	नये सिरे से
deo gratias	(L)	thanks to God	परमेश्वर को धन्यवाद है
deo volente	(L)	God willing, by God's will	यदि परमेश्वर ने चाहा
dictum de dicto	(L)	hearsay report	जनश्रुति

'E'

edition deluxe	(Fr)	a splendid and expensive edition of a Book	पुस्तक का शोभायमान और मूल्यवान संस्करण
en mass	(Fr)	in a boby, universally	समूह में
et sequentse	(L)	and those that fellow	और बाद वाले
ex accidenti	(L)	accidently	आकस्मिक तौर पर
ex officio	(L)	by virtue of office	पदेन
ex parte	(L)	on one side	एक तरफा, एक पक्षीय
ex post facto	(L)	retrospective	पाश्चाद्दर्शी

'F'

facto non verba	(L)	deeds, not words	कार्य न कि शब्द

'G'

grosse tate et peu de sens	(Fr)	big head and little wit	स्थूल काय, अल्प बुद्धि
gutta cavat Lapidem	(L)	the drop wears away the stone	एक-एक बूंद से पत्थर घिस जाता है

'H'

hodie mihi cras tibi	(L)	my turn today, yours tomorrow	आज मेरी बारी है और कल आपकी

hominis est ecrare	it belongs to man (L) to err	मनुष्य ही गलती करता है

'I'

ibidem	(L) in the samc place thing or case	उसी स्थान पर, तदेव
in abstacto	(L) in the abstract	संक्षेप में
in camera	(L) in a (Judge's private) room	गुप्त बैठक, गुप्त ढङ्ग से
in cxtcnso	(L) at full lcngth	विस्तारपूर्वक, सविस्तार
in infinitum	(L) without limit	अनन्त
in memorium	(L) in memory	पुण्य स्मृति में
in pari causa	(L) in a similar case; under like conditions	समान दशा में
inter alia	(L) among other things	अन्य बातों के साथ-साथ
inter se	(L) among themselves	पारस्परिक
in toto	(L) on the whole, entirely	सम्पूर्णतया
in tra-vires	(L) within one's power	विधिगत, अधिकारांतर्गत
ipso facto	(L) virtually	स्वतेव, कार्य से ही
ipso Jure	(L) by the opcration of law	विधि प्रवर्त्तन में

'J'

jeu do mots	(Fr) a pun, a play on words	श्लेष

'K'

ktema es aei	(Fr) a possession to be kept for ever	सदैव रखी जाने वाली वस्तु

'L'

labour ipse voluptas	(L) labour itself is pleasure	श्रम ही आनन्द है

lapsus linguoe	(L)	a slip of the tongue	ज़बान की भूल
lex non scripta	(L)	unwritten law, the common law	अलिखित विधि, सामान्य विधि
lis pendens	(L)	a pending suit	लम्बित वाद
lupus in fabula	(L)	the wolf in the fable	कथानक का भेड़िया

'M'

matinee	(Fr)	a morning performance	दिन का खेल
Men culpa	(L)	by my own fault	स्वदोष से
melee	(Fr)	a confused scuffle a hot debate	लड़ाई, दंगा
meo periculo	(L)	at my own risk	अपने जोखिम पर
modus operendi	(L)	mode of operation	कार्य प्रणाली
move suo	(L)	in his own way	अपने ढंग से
motu proprio	(L)	of his own accord	स्वेच्छा से
mutatis mutandis	(L)	with necessary changes	यथोचित परिवर्तन करके
mutus consensus	(L)	mutual consent	पारस्परिक सहमति

'N'

nim porte	(Fr)	it matters not	कोई बात नहीं
non sui Juris	(L)	not his own-master	पराधीन
nota bene	(L)	take notice	अवधेय

'O'

obiter dictum	(L)	something said by the way, a cursory remark	अनावश्यक उक्ति
octroi	(Fr)	duties paid at the gate	चुंगी
onus probandi	(L)	burden of proof	सिद्धि भार

'P'

pace tua	(L)	by your leave	आपकी अनुमति से

par excellence	(Fr)	eminently, by way of ideal	अति सुन्दर
par example	(Fr)	for example	उदाहरणार्थ
per diem	(L)	every day	प्रतिदिन
per contra	(L)	on the other side	सामने की ओर
per quod	(L)	whereby	जिससे, एतद्द्वारा
personnel	(L)	persons employed in any service	कर्मचारी वर्ग
persona designate	(L)	designated person	नामोदिष्ट व्यक्ति
persona-grata	(L)	an acceptable person	मान्य व्यक्ति
persona-non-grata	(L)	un-acceptable person	अमान्य व्यक्ति
pied-a-terre	(Fr)	temporary lodging	अस्थायी निवास
pleno jure	(L)	with full authority	पूरे अधिकार के साथ
post mortem	(L)	after death	शव परीक्षा
prima facie	(L)	on the first view	पहली ही दृष्टि में
pro tempore	(L)	for the time being	सम्प्रति
quo jure	(L)	by what right	किस अधिकार से
quo vadis	(L)	whither goest thou ?	किधर ?
quo warranto	(L)	the title of a writ by which a person is summoned to show by what warrant a office is claimed	अधिकार पृष्छा

'R'

raison detre	(Fr)	reason or a justification for existence	अस्तित्वकरण
ratio decidendi	(L)	reasons for deciding, grounds and decision	विनिश्चय के आधार पर
ratio impertinens	(L)	an agreement not pertaining to the question	असंगत तर्क

ratio pertinens	(L)	a reason pertaining to the question	संगत तर्क
rem acu tetigisti	(L)	you have hit it rightly, you have touched the things with a needle.	बिल्कुल ठीक
response, sil, vous plart	(Fr)	a reply, if you please, an answer will oblige	उत्तरापेक्षण
resume	(Fr)	an abstract or summary	संक्षिप्ति
rule nisi	(L)	a rule which is conditional	प्रारंभिक संख्यावस्था

'S'

sat sapienti	(L)	enough for the wise, a nod to wise	अक्लमंद को इशारा काफी
selon les regles	(Fr)	according to the rules	नियमानुसार
seriatim	(L)	one after another	यथाक्रम, क्रमबद्ध
sine die	[L]	indefinitely	अनियत दिन
sine quanon	[L]	an indispensible condition	अपरिहार्य
sub judice	[L]	under consideration	विचाराधीन
sub rosa	[L]	privately	गुप्त रूप से
summum bonum	[L]	the chief good	सर्वोत्कृष्ट कल्याण

'T'

tempus fugit	[L]	time flies	समय क्षणिक है
tout a fait	[Fr]	entirely	पूर्णतः

'U'

ultima ratio	[L]	the final argument the last resort	अंतिम युक्ति, अंतिम उपाय

ultra vires	[L] beyond ones powers	शक्ति के परे

'V'

verbatim et litteratim	[L] word for word, letter for letter	अक्षरशः
versus	[L] against, toward	बनाम
vexata question	[L] a disputed question	विवादास्पद प्रश्न
via	[L] a way of	द्वारा, होकर
via media	[L] by middle course	मध्यमार्ग
vice	[L] in the place of	के स्थान से
vice versa	[L] the terms being exchanged	विलोम क्रम पर
virtue officio	[L] by virtue of office	पदेन
vis-a-vis	[Fr] opposite, facing	संमुहीन, आमने-सामने
volento Deo	[L] God willing	यदि परमेश्वर ने चाहा
vox populi Vox Dei	[L] the voice of the people is the voice of God	पंच परमेश्वर
vulge	(L) commonly	सामान्यः

सामान्य प्रयोग के अंग्रेजी वाक्यांशों के हिन्दी पर्याय

अंग्रेजी वाक्यांश	हिन्दी पर्याय
'A'	
Abandonment of claim	मांग का परित्याग 'दावा' अर्ध्यना, परित्याग
Abatement, as of the suit	अवसान--जैसे वाद का अवसान, वादसमाप्ति
Abide by	का पालन करना, को मानना, पर स्थिर रहना
...the rules	नियमों का पालन करना
....the decision	निश्चय को मानना, निश्चय पर स्थिर रहना
Abiding conviction	स्थिर धारणा
Ability to read and write	लिखने-पढ़ने की योग्यता
Able bodied	शरीर से समर्थ, समर्थ शरीर
Abnormal circumstances	असामान्य परिस्थितियाँ, असाधारण परिस्थितियाँ
Abolition of post	पद-समाप्ति, पद तोड़ना, पदोत्सादन
Above all	सर्वोपरि
Above average	औसत से ऊपर
Above cited	उपरिउदधृत, ऊपर दिया हुआ
Above mentioned	उपर्युल्लिखित, ऊपर लिखा हुआ
Above said	उपर्युक्त
Abridge	कम करना, न्यून करना
(to abridge the rights conferred by the act)	[अधिनियम द्वारा दिये गये अधिकारों को कम (न्यून) करना]
Abrogation of order	आदेशों का निराकरण, अहकाम की मोकूफी

Absent in spite of services of summons	समन की तामील होने पर भी अनुपस्थित
Absent without leave	बिना छुट्टी अनुपस्थित
Absolute and unconditional	निरपेक्ष और बिना शर्त
Absolute discretion	निरपेक्ष विवेक, पूर्ण विवेक
Absolute monopoly	पूर्ण एकाधिकार
Absolute priority	परमपूर्वता
Absolutely necessary	परमावश्यक, बहुत जरूरी
Abstract, statement of cases disposed of	निर्वर्तित/निस्तारित प्रकरणों का संक्षिप्त विवरण
Abundant proof	प्रचुर प्रमाण
Abuse of law	विधि का दुरुपयोग, कानून का बेजा इस्तेमाल
Abuse of official position	सरकारी पद का दुरुपयोग
Academic discussion	बौद्धिक चर्चा/बहस
Academic experience and attainments	शैक्षिक अनुभव और योग्यतायें
Academic qualifications	शैक्षिक अर्हतायें, शैक्षिक योग्यता,
Accelerated promotion (the giving of accelerated promotions)	त्वरित पदोन्नति, तेजी से तरक्की, त्वरित पदोन्नत करना
Acceptance-conditional	सप्रतिबन्ध स्वीकृति, शर्ती मंजूरी
Acceptance-qualified	सीमित स्वीकृति, विशेषित स्वीकृति, मंजूरी शर्तिया
Acceptance of office	पद स्वीकार करना
Access, to have (he has access to the highest officer)	पहुँच (उसकी सर्वोच्चाधिकारी तक पहुँच है)
Accompanying letter	सहपत्र, साथ का पत्र
Accord, of ones own	आप ही आप, स्वयं, अपनी इच्छा से, स्वेच्छा से
Accordance with-in	के अनुसार
According to law	यथाविधि, कानून के अनुसार

According to merit	योग्यतानुसार, काबलियत के अनुसार
According to the procedure prescribed for the purpose	इस प्रयोजन के लिए विहित प्रक्रिया के अनुसार
According to seniority	ज्येष्ठतानुसार
Account, on no account, to take	किसी तरह नहीं,
into account	पर विचार करना,
call to account	स्पष्टीकरण करना, जवाब-तलब करना
Acquittance roll	वेतनावलि
Acting allowance	कार्यकरण भत्ता, कार्यवाहक भत्ता, एवजी या कायम-मुकाम का भत्ता
Acting incumbant	कार्यवाहक पदधारी
Acting in his disrcetion	स्वविवेक से कार्य करते हुए
Acting in good faith	सद्भाव से कार्य करते हुए
Acting in official capacity	आधिकारिक हैसियत से काम करते हुए
Action course of	कार्यवाही क्रम
Act of commission and omission	कृत और अकृत, भूलचूक
Action-line of	कार्यरेखा, क्रिया दिशा, कार्यवाही का रूप
Action proposed to be taken	प्रस्तावित कार्यवाही, कार्यवाही जिसके करने का प्रस्ताव है।
Active list	कर्तव्यस्थ सूची, सक्रियसेना सूची
Active service	सक्रिय सैन्य सेवा
Additional remarks	अतिरिक्त अभ्युक्ति, अतिरिक्त मंतव्य
Additional Secretary	अतिरिक्त सचिव
Additions and alterations	परिवर्धन और परिवर्तन
Address your remarks to the President	सभापति को सम्बोधित करें
Adequate reasons (to have adequate reasons to believe...)	पर्याप्त कारण [विश्वास करने के पर्याप्त कारण]
Adequately express to	समुचित अभिव्यक्ति करना, समुचित रूप से व्यक्त करना
Adjourn sine die	अनिश्चित काल के लिए स्थगित करना

Adjusted provisionally	अस्थायी रूप से समायोजित
Adjustment of account	लेखा समायोजन
Administrative approval may be obtained	प्रशासकीय अनुमोदन प्राप्त किया जाय
Administrative arrangements	प्रशासन व्यवस्था
Administrative control	प्रशासकीय नियंत्रण
Administrative staff	प्रशासन कर्मचारिवर्ग
Admissibility of questions	प्रश्नों की ग्राह्यता
Admissible under the rules	नियमाधीन/नियमानुसार ग्राह्य
Admission pass	प्रवेश-पत्र
Admitted in evidence	साक्ष्य में ग्रहीत
Advances re-payble	प्रतिदेय अग्रिम
Advantage-to take	लाभ उठाना, मोका पाना
Adverse comments	प्रतिकूल टीका, प्रतिकूल आलोचना
Adverse finding	प्रतिकूल निष्कर्ष
Advisory and co-ordinating functions	मंत्रणा और समन्वय कृत्य, सलाह और समन्वय का कार्य
Affair-settlement of an	झगड़े का निबटारा/समाधान
Affairs-of the Union or the State	संघ या राज्य के कार्य (सं)
Affect prejudicially	प्रतिकूल प्रभाव डालना
Affirmation solemn	सत्यनिष्ठापूर्वक प्रतिज्ञा
Affirmative statute	सकारात्मक परिनियम
Affront, to take as an	अपमान समझना
Afore-said terms	पूर्वोक्त निबन्ध/शर्तें
After adequate consideration	समुचित/पर्याप्त विचारोपरान्त
After consultation with	के परामर्श के पश्चात्
Again and again	बारम्बार
Against public interest	जनहित/लोकहित के प्रतिकूल
Age of retirement	सेवानिवृत्ति वय, पेंशन पाने की उम्र
Age of Superannuation	अधिवर्षवय, निवर्तन वय
Age relaxation	वयस्सीमा शिथिलन
Alleged misconduct	कथित दुर्व्यवहार

All embracing	सर्वसमावेशी, सर्वग्राही
All inclusive quotation	सर्व सहित भाव
All-out effort	भरसक प्रयास
All rights reserved	सर्वाधिकार सुरक्षित/आरक्षित
All round improvement	सर्वतोमुखी सुधार
Allowed by law	विधि-अनुमत, विध्यनुमत, विधि सम्मत
Alteration-material	सारवत परिवर्तन, ठोस परिवर्तन
Alternative accommodation	दूसरा वासस्थान, वैकल्पिक वासस्थान
Ambitious scheme	महत्त्वाकांक्षी योजना, लम्बी-चौड़ी योजना
Amenable to control and discipline	नियंत्रण तथा अनुशासन मानने वाला
Amending notification	संशोधी विज्ञप्ति/अधिसूचना
Amendment of a substantial nature	सारभूत संशोधन, तात्त्विक संशोधन
Amenities provided by Government	शासन द्वारा दी गई सुख-सुविधायें
Amount over-due	कालातीत राशि, अतिप्राप्य राशि
Annual financial statement	वार्षिक वित्त विवरण
Annual increment	वार्षिक वेतन-वृद्धि
Annonymous petition	अनाम याचिका
And in any case	और किसी भी अवस्था में
Any contravention of this rule	इस नियम का कोई भी उल्लंघन
Any other law at the time being in force	तत्समय प्रवृत्त कोई अन्य विधि
Any other sufficient reason	कोई अन्य पर्याप्त कारण
Appeal, filing of	अपील दायर करना, अपील निवेशित करना
Appear for interview	समक्ष भेंट (साक्षात्कार) के लिए उपस्थित होना
Application for death-cum-retirement gratituty	मृत्यु और निवृत्ति आनुतोषिक के लिए आवेदन-पत्र
Application-submission of formal	नियमित/औपचारिक आवेदन-पत्र देना

Approved as propo sed	यथाप्रस्ताव अनुमोदित
Approved subject to the marginal comments	सीमान्त टिप्पणियों के अधीन अनुमोदित
Appropriate action	समुचित कार्यवाही
Appropriate Legislature	समुचित विधान मंडल
Approved service	अनुमोदित सेवा
Arising therefrom	तदुपरान्त
As a general rule	साधारणतया
As a matter of course	आमतौर से (पर), साधारणतया
As by law established	यथाविधि स्थापित
As a last resort	अंतिम उपाय के रूप में
As a matter of fact	वस्तुतः, यथार्थतः
As a result thereof	परिणाम स्वरूप, के फलस्वरूप
As by law established	यथाविधि स्थापित
As compared with	की तुलना में
As directed	निदेशानुसार
As early as possible	यथासंभव शीघ्र
As enjoined	यथादिष्ट, जैसा कि आदेश दिया गया है
As for as circumstances permit	परिस्थितियों के अनुसार जहाँ तक संभव हो
As far as permissible	जहाँ तक अनुज्ञेय हो
As far as possible	यथासम्भव, जहाँ तक मुमकिन हो
As far as practicable	यथाव्यवहार्य, जहाँ तक हो सके, यथाशक्य
As for instance	जैसे, उदाहरणार्थ, मसलन्
as for, as to	विषय में
(as for his qualification)	(उसकी अर्हता के विषय में)
As hereinafter defined	यथा अत्रपश्चात् परिभाषित, जैसा इसमें आगे परिभाषा दी गई है
As in force for the time being	जैसा तत्समय प्रवृत्त अथवा प्रचलित हो
As laid down	यथानिर्धारित
As may be considered expedient	जैसा इष्टकर (वांछनीय) प्रतीत हो
As may be mutually agreed upon	जो परस्पर सम्मत हो
As may be necessary	जो आवश्यक हो, यथासंभव

As may be prescribed	यथाविहित
As may be specified	यथानिर्दिष्ट
As modified	यथाशोधित, यथापरिष्कृत
As nearly as possible	यथासंभव निकट, जहाँ तक हो सके
As of right	साधिकार, अधिकार के रूप में
As per	के अनुरूप, के अनुसार
As presented to the Legislature	विधान मंडल में यथोपस्थापित
As proposed	यथाप्रस्तावित
As provided by law	विध्यनुसार उपबंधित, कानून के उपबंध के अनुसार
As regards	के सम्बन्ध में
(as regards his post)	(जहाँ तक उनके पद का सम्बन्ध है)
As required	यथापेक्षित
As respects the particular matter in question	प्रश्नास्पद किसी विषय विशेष के बारे में
As revised	यथासंशोधित
As soon as possible	यथासंभव शीघ्र
As the case may be (to hold office during the pleasure of the Governor, or as the case may be the Raj Pramukh of the State)	यथास्थिति (यथास्थिति राज्य के राज्यपाल या राजप्रमुख के प्रसाद पर्यन्त पद धारण करना)
As the matter stands	मामले को वर्तमान दशा में, जैसा कि इस समय मामला है
Assets and liabilities	परिसंपत और दायित्व
Assumption of charge	भार ग्रहण
Assumption of office	पद ग्रहण
At any stage	किसी भी अवस्था/प्रक्रम में
At Government expense	शासन व्यय पर, सरकारी खर्चे पर
At his own risk	अपने उत्तरदायित्व पर, अपनी जिम्मेदारी पर, अपनी जोखिम पर
Attaehment—liable to—under	कुर्की के अधीन, जेर कुर्की

Attention is invited to	की ओर ध्यान आकर्षित किया जाता है
Attesting witness	प्रमाणकर्ता, साक्षी
At the bar of public opinion	जनता के न्यायालय में, जनता के न्याय के सामने
At the instance of	के निदेश से, की प्रेरणा से
At the latest	विलम्बतम्
At the option	इच्छानुसारेण, की इच्छा के अधीन
At earliest convenience	शीघ्रातिशीघ्र, जल्द से जल्द
Austerity measures	मितोपभोग उपाय, मितव्यय के उपाय
Avail of (to avil oneself of the opportunity)	अवसर को हाथ से न खोना, अवसर से लाभ उठाना
Avail, the plea will not	आपत्ति निष्फल रहेगी, (उज्र बेसूद होगा, उज्र कारामद न होगा)
Avoid the risk of	हानि भय से बचना, हानि की सम्भावना से बचना
Avoidable delay	परिहार्य विलम्ब
Awaiting decision	निर्णय/विनिश्चय की प्रतीक्षा है
Awaiting approval	अनुमोदन की प्रतीक्षा है
Awaiting orders	आदेशों की प्रतीक्षा है

'B'

Bad books, in one's	किसी पर किसी की अवकृपा होना
Bad faith, done in	बदनियत [कदाशयता] से किया काय
Bad in law	विधि अमान्य
Bail for good conduct	सद्व्यवहार (अच्छे आचरण) के लिए जमानत
Balance available	प्राप्य शेष
Balance brought forward	अग्रानीतशेष, पिछला शेष
Balance in hand	हस्तस्थ शेष, हस्ते बाकी
Balance of power	शक्ति संतुलन
Balance diet	संतुलित आहार
Bar, at the-of the public opinion	जनता के न्याय पर, जनता के न्यायालय में
Based on facts	तथ्यों पर आधृत, तथ्यों पर आधारित

Basic needs	आधारभूत आवश्यकतायें, बुनियादें जरूरतें
Basic scale of pay	आधारभूत वेतनक्रम, आधारित वेतन मान
Beat of the drum	ढिंढोरा पीटना
Become in-operative	अप्रवर्ती होना, निष्क्रिय होना
Become vested	निहित होना
Before the expira.ion of the term	अवधि समाप्ति के पूर्व
Behalf	ओर से, कृते
in that—	उसके लिए, तदर्थ
on—of	की ओर से
on his—	उसकी ओर से
Be in-operative	प्रवर्तन शून्य होना, अप्रवर्ती होना
Beneficial effect	हितकारी प्रभाव
Benefit, for public	सार्वजनिक हित के लिए, लोक हित के लिए प्रजार्थ, अवाम की भलाई के लिए
Benefit of doubt	संदेहलाभ
Best belief	पूर्ण विश्वास
to the best of belief	पूर्ण विश्वास से
(to the) best of my knowledge and belief	यथाज्ञान यथाविश्वास, जहां तक मुझे जानकारी और विश्वास है
Better, had (—had better taken	अच्छा होता
F. D's advice)	अच्छा होता (यदि वित्त विभाग से परामर्श ले लिया जाता)
Beyond reasonable doubt	युक्तियुक्त संदेहातीत, उचित संदेह से परे
Beyond reach	पहुँच से बाहर
Beyond the control of	के नियंत्रण के परे
Body of letter	पत्र का प्रधानांग, पत्र का मुख्य भाग
Bonafide mistake	सद्‌भावाकृत भूल
Bottleneck	मार्गावरोध, गत्यावरोध, अड़चन
Bottom, to get to	तह तक पहुँचना,
(to get to the bottom of the matter)	(किसी विषय की तह तक पहुँचना)
Breach of contract	संविदा भंग, मुआयहदा तोड़ना

Breath of discipline	अनुशासन भंग
Breach of faith	प्रतिज्ञा भंग
Breach of law	विधिभंग, कानून तोड़ना
Breach of orders	आदेश भंग
Breach of privilege	विशेषाधिकार भंग
Breakage in transit	मार्ग में टूट-फूट
Break in service	सेवा भंग, सेवा अंतराय
Brief resume	सारांश, खुलासा
Bring to effect	कार्यान्वित करना
Broad distinction	स्थूल भेद, मोटा फर्क
Broken period	खंडित अवधि
Burden of proof	सिद्धि भार
Business in the course of	काम के दौरान में
Business of Government	शासन कार्य, सरकारी काम
By authority of	के प्राधिकार से
By command	के समादेश से
By order	के आदेश से
By reason of	के कारण
By return of post	लौटती डाक से
By virtue of his office	अपने पद के सामर्थ्य से, अपने पद के आधार पर नाते
By way of amendment	संशोधन के रूप में

'C'

Call for the file	पत्रावली मँगाना/तलब करना
Call to account	स्पष्टीकरण माँगना
Call upon to show cause	कारण बताने को कहना
Capacity to work	कार्य सामर्थ्य
-in the capacity of	के रूप में, बहैसियत
-in official capacity	आधिकारिक रूप में, बहैसियत ओहदा
Cardinal issue	आधारभूत वादपद
Careful comparison	सावधान तुलना, होशियारी से मिलान
Carefui observance	सावधानी से पालन/अनुपालन

Carried forward	अग्रेनीत
Carried into effect	कार्यान्वित करना, जारी करना
Carry weight	गुरुता रखना, बल रखना/का प्रभाव पड़ना
(the argument carries-weight)	(इस तर्क में बल है)
Case-merits of the-	मामले के गुण-दोष, मामले की अच्छाइयाँ-बुराइयाँ
to decide on in case of need	हर दृष्टिकोण से विचार कर मामले को निर्णीत करना, मामले के गुण-दोष के आधार पर मामले का निर्णय करना
a number of-	बहुत सी स्थितियों में, बहुत से मामलों में
in case of need	आवश्यकता पड़ने पर
Case, dealt with	संव्यवहृत प्रकरण.
Case for trial	अन्वीक्षा के लिये वाद
Cause and effect	कार्य-करण, कारण और कार्य
Cause-to espouse	किसी विषय का समर्थन या पक्षपोषण
Cause-without due	यथोचित कारण के बिना
-without reasonable	युक्तियुक्त कारण के बिना, बिला माकूल वजह
Cease to have effect	प्रभाव शून्य होना, निष्प्रभाव होना
Cease to operate	कार्यशील न रहना, प्रवर्तन शून्य होना
Ceremonial function	रीतिक समारोह
Chain of circumstances	परिस्थिति शृङ्खला, परिस्थिति परम्परा
Change of venue	स्थान परिवर्तन
Change over-orderly	व्यवस्थित परिवर्तन
Channel of correspondence	पत्र-व्यवहार मार्ग, पत्र-व्यवहार सरणि
Channel through proper	उचित सरणि से, उचित अधिकारियों द्वारा
Character and antecedent of Government servant	सरकारी कर्मचारी का चरित्र और प्राग्वृत्त/पूर्ववृत्त
Charge, to answer···	जवाबदेही करना, स्पष्टीकरण करना, आरोप का उत्तर देना
to assume-	पद ग्रहण करना, कार्यभार लेना,

to take-	ओहदा सँभालना
to draw up or to frame-	दोषारोपण करना
	अपराधारोपण करना, जुर्म लगाना
to make over-	कार्यभार सौंपना
withdrawl of—	आरोप उठा लेना, दोष मुक्ति, इल्जाम से दस्तबरदारी
Circulate and then file	परिचालित कर फाइल करें
Circulated for eliciting public opinion	लोकमत जानने के लिए प्रचारित
Circumstances, under any	किसी दशा में, किसी भी हालत में
under the-	वर्तमान परिस्थिति में, मौजूदा हालतों में
Circumstantial evidence	घटना परिस्थिति साक्ष्य, शहादत वाकयात मुत्तालिका
Cited above	उपरिउद्धृत
Class of service	सेवा श्रेणी
Clause by clause	खण्डशः
Clear and concise	स्पष्ट और संक्षिप्त
Clear evidence	स्पष्ट प्रमाण
Clear notice of a week	पूरे एक सप्ताह की सूचना
Clearly expressed	स्पष्टतः व्यक्त
Clearly worded-proposal	स्पष्ट शब्दों में लिखित प्रस्ताव
Close co-operation	निकट सहयोग, घनिष्ठ सहयोग
Close scrutiny	सूक्ष्म संनिरीक्षण
Closing of the function	उत्सवावसान, उत्सव—समाप्ति
Closing speech	समाप्ति भाषण
Coercive measures	बल प्रवर्त्ती उपाय, अवपीड़क उपाय
Collection charges	वसूली खर्च समाहरण प्रभार
Collection of data	आधार-सामग्री का संकलन
Collective exprcssion of opinion	सामूहिक मताभिव्यक्ति
Collectively responsible	सामूहिक रूप से उत्तरदायी
Combined operation	संयुक्त क्रिया
Come into operation	लागू होना, प्रवर्तन में आना

Commemorative medal	स्मारक पदक
Commendatory letter	संस्तावी पत्र, संस्तुति पत्र
Commission of enquiry	जांच कमीशन, जाँच आयोग
Committed for trial	विचारार्थ अभिप्रेषित
Committee of privileges	विशेषाधिकार समिति
Committee of ways and means	अर्थोपाय-समिति
Common good	सर्वकल्याण, सबकी भलाई, सर्वहित
Common interest	सामान्य हित
Common irregularities	सामान्य अनियमितताएँ, आम बेकायदगियाँ
Communication, means of	संचार साधन
Commutation of pension	निवृत्ति वेतन का संराशिदान, पेंशन राशी-करण
Comparative statement	तुलनात्मक विवरण
Compassionate grounds, on	कारुण्य आधार पर, अनुकम्पा के आधार पर
Competent court	सक्षम न्यायालय
Complete information	पूरी जानकारी
Comply with requirements	अपेक्षाओं की पूर्ति करना, जरूरतों को पूरा करना
Concentration of authority	प्राधिकार का संकेन्द्रण/केन्द्रीय करण
Conclusive and final	निश्चायक और अंतिम, कतई और आखिर
Concrete example	ठोस उदाहरण, निश्चायक उदाहरण
Concurrence of the competent authority	सक्षम प्राधिकारी की सहमति
Conditional acceptance	सप्रतिबंध स्वीकृति, शर्ती मंजूरी
Conditions expressed and implied	विहित तथा निहित शर्तें
Condition precedent	पूर्वगामी शर्त, पूर्वपाल्य शर्त
Conduct and discipline	आचरण तथा अनुशासन
Confined to discussion	चर्चा तक सीमित
Conflicting report	परस्पर विरोधी प्रतिवेदन
Conflict of laws	विधि संघर्ष
Connecting reference	संबंधी निर्देश

Consent, free and voluntary	स्वतंत्र और स्वैच्छिक सहमति
Consequence, of no	अमहत्त्वपूर्ण, महत्त्वहीन
Consequential legislation	समुतवर्ती विधान
Consequential losses	आनुषंगिक हानि
Consideration [in dealing with a case it may also be taken into consideration]	विचार, दृष्टिकोण में रखना (इस मामले को तय करते समय इसे भी दृष्टिकोण में रखा जाय)
in consideration of	के बदले में, प्रतिफल स्वरूप
it is for consideration, whether	विचारणीय है कि क्या
under consideration	विचाराधीन, जेरेगौर
Consign to the records	अभिलेखागार को सौंपना/को प्रेषित करना, दाखिल दफ्तर करना
Consistency of conduct	आचरण दृढ़ता
Consistent, so far as consistent with the provisions	जहाँ तक उपबंधों से संगत हो
Conspicuous gallantry	विशिष्ट शौर्य
Constituted by law	विधि द्वारा गठित
Constituted by or order	द्वारा या अधीन गठित/संस्थापित
Constitution of a committee	समिति का/की गठन/संगठना/रचना
Constitutional remedies	संवैधानिक उपचार
Constructive criticism	रचनात्मक आलोचना
Construed, shall be	इसका यह अर्थ किया/समझा जायगा
Contempt of court	न्यायालय अवमान, तौहीन अदालत
Contention is untenable	तर्क असमर्थनीय है
Contingent on or upon	पर निर्भर
Continued from page	पृष्ठ…से क्रमशः
Continuity of service	सेवाक्रम
Contrary to law	विधि विरुद्ध, विधि के प्रतिकूल
Contravention of the provision of	के उपबंधों का उल्लंघन
Convertant-fully	से पूर्णतया परिचित/भिज्ञ

Convincing proof	प्रत्यायक संप्रत्यात्मक प्रमाण/विश्वासोत्पादक प्रमाण, यकीनी सबूत
Co-ordinating authority	समन्वय प्राधिकारी
Copy enclosed for ready reference	सुगम निर्देश के लिए प्रति संलग्न
Copy, with a spare copy, is forwarded	प्रति एक अतिरिक्त प्रति के साथ भेजी जाती है
Corrected to date	अद्यावधिक (आज तक) शोधित
Correspondence resting with your letter	आपके पत्र पर निलम्बित पत्र-व्यवहार
Cost of maintenance	अनुरक्षण परिव्यय; पोषक परिव्यय, रखरखाव का खर्चा
Course-matter of	साधारण/मामूली बात
Course of, in the	के दौरान, के काल में
in natural	सामाण्य क्रम में
Course of studies	पाठचर्या
Course of employment, during the	नियुक्ति, नियुक्ति काल
Creation of a post	पद सर्जन, पद कायम करना
Credence, give credence to	विश्वास करना, यकीन करना
Credible information	विश्वसनीय सूचना
Criminal breach of trust	आपराधिक विश्वासघात
Critical situation	संकटस्थिति, नाजुक हालत
Crossing of efficiency bar	कार्यक्षमतारोध (दक्षतारोध) पार करना

'D'

Daily average of cases disposed of	निर्वतित प्रकरणों का दैनिक औसत
Date of application	आवेदन दिनांक, अर्जी देने की तारीख
Date of the same—	उसी तारीख का, उसी दिनांक का
Date of publication of notice	सूचना-प्रकाशन दिनांक
Date of relief	पदावमुक्ति दिनांक
Day duty	दिवस कर्तव्य
Days of grace	अनुग्रह दिन
Day-to-day administration	दैनंदिन प्रशासन, रोजमर्रा का इन्तजाम
Deal with a case	प्रकरण का निबटाना

Dealt with initially	आरम्भ में कार्यवाही की गई
Debarred from service	सेवावारित
Decentralisation of Industries	उद्योगों का विकेन्द्रीकरण
Decide on merits	प्रत्येक दृष्टिकोण से निश्चित करना, गुणदोष के आधार पर विनिश्चय निर्णय करना
Decision on a point of law	विधि प्रश्न पर विनिश्चय
Declaration of allegiance	निष्ठा घोषणा प्रख्यापन
Declared null and void	प्रवृत्तिहीन घोषित, निष्प्रभाव घोषित अकृत और शून्य घोषित
Declared policy	घोषित नीति
Deduction at source	स्रोत पर कटौती
Deemed to be vested	निहित समझा जाना
Default of—in	न करने पर, के अभाव में
(house to be attached in default of payment)	(अदायगी न करने पर मकान कुर्क कर लिया जायगा)
Defeat the intention of law	विधि का अभिप्राय विफल करना, कानून के असर से गुरेज करना
Deficiency, to make good	कमी पूरा करना
Defiance of law	विधि अवज्ञा, कानून की तौहीन करना, कानून की खिलाफ मर्जी करना
Degree of utility	उपयोगिता की मात्रा
Delay is regretted	विलम्ब के लिए खेद है
Delegation of power	अधिकार हस्तान्तरण
Delicate situation	विषम स्थिति, नाजुक हालत
Demand an explanation	स्पष्टीकरण माँगना, जवाब तलब करना
Dereliction of duty	कर्तव्य विमुखता
(charged with dereliction of duty)	(कर्तव्य विमुखता का आरोप लगाया गया है)
Derogation from the powers of	अधिकारों का अल्पीकरण
Description of contents	अन्तर्वस्तुओं का विवरण

Detached view	बेलौस राय, असंसक्त/असंलग्न/विचार,
to take a detached view	तटस्थ विचार, विषय में असंसक्त होकर विचार करना
Detailed report	सविस्तर प्रतिवेदन
Difference	भेद, अन्तर
difference of opinion	मतभेद, इख्तलाफ राय
i makes a great difference	इसमें बड़ा भेद है, यह बात बहुत अहम (महत्त्वपूर्ण) है।
Direct action	सीधी कार्यवाही, प्रत्यक्ष कार्यवाही
Direct approach	सीधे पहुँचना, सीधी पहुँच
Direction and control	निदेश और नियंत्रण
direction and control of Election commission	निर्वाचन आयोग का निदेश और नियंत्रण
Directed to invite a reference to the correspondence resting with D. M.'s. letter	जिला अधिकारी के पत्र पर निलंबित पत्रव्यवहार की ओर ध्यान आकृष्ट करने का निदेश हुआ है।
Dire necessity	नितान्त आवश्यकता
Disadvantage	अलाभ
conditions of service shall not be varied to his disadvantage	प्रत्यक्षतः अथवा परोक्ष रूप से सेवा की शर्तों में उसका अलाभकर परिवर्तन न किया जायगा।
Discharge-in the discharge of duty	कार्य विर्वहण में
in the discharge of functions	कृत्यों के निर्वहण (पालन) में
Disciplinary measures	अनुशासनोपाय
Discrepancy—to reconcile	विभेद का समाधान
Discretion, in the—of the court	न्यायालय के विवेक में
judicial	न्यायिक विवेक
Discretionary grant	विवेकानुदान
Discretionary power	विवेकाधिकार
Discriminatory practices	विभेदकारी व्यवहार

Dislocation of business	व्यापार/कार्य विस्थापन
Dis-orderly conduct	उच्छृङ्खल आचरण
Disparity in rates	दरों में असमानता
Dispence with service, to	नौकरी से छुड़ाना
Dispense justice, to	न्याय करना
Disposal of a case	मामले का निपटारा/प्रकरण का निवर्तन
Disposal to be expedited	शीघ्रता से निबटाया जाना
Dissemination of information	सूचना का प्रसार
Disturbance of the peace	शान्ति भंग
Do the needful	यथावश्यक करना
Done or intended to be done	किया गया हो या जिसे करने का अभिप्राय हो
Doubt, benefit of	सन्देह लाभ
Draft for approval	अनुमोदनार्थ प्रालेख
Draft as directed	निदेशानुसार (प्रस्तुत) करना
Draw attention	ध्यान दिलाना, ध्यान आकृष्ट करना
Due authority, without	सम्यक् प्राधिकार के बिना
Due constitution of a Commitee	समिति का यथोचित रूप से गठन
Due course of law	विधि का यथोचित क्रम
Due process of law	यथोचित विधि प्रक्रिया
Due weight—to give	यथोचित महत्त्व देना
Duly authorised—in that behalf	उस बारे में यथाविधि प्राधिकृत
Duly qualified	यथारीति अर्ह, आवश्यक योग्यता प्राप्त
Duly verified	यथाविधि सत्यापित
During the discussions	चर्चा के समय, बातचीत के दौरान में
During the pleasure of	के प्रसाद पर्यन्त (सं)
During the term of office	पदावधि में
Duties of office	पद के कर्तव्य
[duty in connection with the election]	[पर नियोजित, चुनाव के सम्बन्ध में सरकारी काम पर नियुक्त]
Duty-sense of	कर्तव्य ज्ञान
Dying declaration	मृत्युकालीन घोषणा

'E'

Early stages	शुरुआत, पहले पहल
Earmarked	पृथक रक्षित, अलग से रखा गया
Easy reference	सुगम निर्देश
Economic Blockade	आर्थिक नाकाबन्दी
Economic crisis	आर्थिक संकट
Economy measure	मितव्यय उपाय
Educationally unqualified effects	शिक्षा दृष्टि से अनर्ह/अयोग्य
carry into—	कार्यान्वित करना, अमल में लाना
in effect	दरअसल, वास्तव में
to give effect to	प्रभावी बनाना, लागू करना, नाफिज करना
to take effect	लागू होना/जारी होना
to the effect	इस उद्देश्य/आशय का
shall have effect	प्रभावी होना, लागू होना
Efficiency of administration	प्रशासन कार्यक्षमता
Duty, official	पदीय कर्तव्य, सरकारी काम
[employed on official]	[निर्वाचन के सम्बन्ध में पदीय कर्तव्य]
Efficiency bar	कार्यक्षमता रोध, दक्षतारोध
Effective control	प्रभावी नियंत्रण
Emergent meeting	आपाती अधिवेशन
Empowered in that behalf	इस सम्बन्ध में अधिकृत
End	उद्देश्य, मकसद; समाप्ति
to come to an—	समाप्त होना
in the end—	अन्त में
Enquire the present position of the case, to	मामले की वर्तमान स्थिति की जाँच करना
Enquiries in the matter are under way and a final reply will follow as soon as possible	मामले में जाँच की जा रही है और शीघ्र ही अंतिम उत्तर भेज दिया जायगा
Enquiry into charges	जुर्म की जाँच, दोषारोपण की जाँच
Entertain the claim	दावा/अभ्यर्थना का ग्रहण करना

Enter upon an office	पद धारण करना, पद ग्रहण करना
Entirely optional	बिलकुल ऐच्छिक, सर्वथा वैकल्पिक
Entrust with duty	कर्तव्य सौंपना
Equality of opportunity	अवसर समता
Equally entitled	समान अधिकृत
Equivalent rank	बराबरी का ओहदा, समान पद
Equivalent to	के समान
Error appearent on the face of the record	अभिलेख से प्रकट होने वाली भूल
Error of judgment	निर्णय-विभ्रम
Essential services	परमावश्यक सेवायें
Established by law	विधि द्वारा स्थापित
Established practice	रूढ़ व्यवहार, रूढ़ि
Evenly balanced	सन्तुलित
Ever since	जब से, तब से
Every now and then	बारम्बार, समय-समय पर
Event of-in the	के होने पर, की अवस्था में
Events, at all	हर दशा में, पर सूरत में
Evidence	साक्ष्य
Circumstantial	परिस्थिति साक्ष्य
Conclusive	निश्चायक साक्ष्य, शहादत कतई
Hearsay	श्रुत साक्ष्य, शहादत समाई
Material	सारवत् साक्ष्य
Examine the proposals	प्रस्तावों की परीक्षा कीजिए
Example, to set an	अच्छी मिसाल कायम करना, अच्छा आदर्श रखना
Except as expressly provided	स्पष्टरूप से उपबंधित अवस्था को छोड़ कर
Except as otherwise provided	अन्यथा उपबंधित अवस्था को छोड़ कर
Except in so far as they may be inconsistent with	जहाँ तक कि वे…से असंगत न हों।

Except with the previous sanction of	पूर्व स्वीकृति के बिना
Exceptional and emergent cases	असामान्य और आपाती मामले
Executive action	निष्पादन कार्यवाही
Exercise the powers of	के अधिकारों को प्रयोग करके
Expedient, it is not	इष्ट कर नहीं है
Expiration of the term of office	पदावधि की समाप्ति
Express delivery	शीघ्र डाक द्वारा
Expression, medium of	अभिव्यक्ति का माध्यम
Express understanding	स्पष्ट समझौता
Extract to be taken	उद्धरण लिया जाय

'F'

Face (on the face of it)	देखने से, प्रत्यक्षः
Fact, in issue	वादवस्तु
Fact, question of	तथ्य प्रश्न
Fact, matter of	वाकई, वास्तव में
Fact and figures	तथ्य तथा आँकड़े
Facts of the case	वाकयात मामला, प्रकरण (वाद) तथ्य
Fag end of the session	सत्र/सभा का अंतिम भाग
Failing which serious action will be taken	न करने पर कठोर कार्यवाही की जायगी
Fair knowledge	साधारण ज्ञान
Fall into arrears	बाकी पड़ना, अवशिष्ट
(work fell into arrears)	(काम बाकी पड़ गया, कार्य अवशिष्ट रह गया)
(fall in line with G/I in this respect-to)	इस संबंध में भारत सरकार द्वारा की गई कार्यवाही के अनुरूप कार्य करना
Fall short of	कम होना
(fell short of expectations)	(प्रत्याशा से कम)
Fallacious argument	भ्रामक, तर्क
Fancy fair	रुचिर मेला (from Bengali)

Far-reaching effect	दूर व्यापी प्रभाव, जिसका असर बहुत दूर तक पहुँचे
Favour with your views	कृपया अपने विचार व्यक्त करें
Favourable circumstances	अनुकूल परिस्थितियाँ
Fear or favour, without	भय या पक्षपात के बिना
Features essential (essential features of the scheme)	विशिष्ट बातें (योजना की विशिष्ट बातें मुख्य विशेषताएँ)
Fictitious account	अवास्तविक लेखा, जाली लेखा
File a document	दस्तावेज पेश करना, लेख्य निवेशित करना
keep into file	पत्रावली में रखना
Place papers on the file	कागजात पत्रावली में रखना
to restore papers to the file	कागजात को पत्रावली में रखना
to diposit a file	पत्रावली दाखिल दफ्तर करना, पत्रावली जमा करना
to open a file	पत्रावली खोलना
to put up the file	पत्रावली प्रस्तुत करना
Final decision when arrived at will be communicated	अंतिम विनिश्चय हो जाने पर सूचित किया जायगा
Finally disposing of the matter	विषय का अंतिम निस्तारण
Financial irregularities	वित्तीय अनियमिततायें
Fixation of pay	वेतन निश्चयन
Flagrant breach of rules	नियमों का घोर उल्लंघन
Following procedure to be adopted	निम्नलिखित प्रक्रिया का अनुसरण हो
Follow up action	अनुवर्ती कार्यवाही
For and on behalf of	के लिए और उसकी ओर से
Formal call	औपचारिक भेंट, रस्मी मुलाकात, जाब्ता की मुलाकात
Formal notice	औपचारिक सूचना
Formal warning	यथाविधि चेतावनी, नियमानुसार चेतावनी

Form of question	प्रश्नों का रूप
For approval	अनुमोदनार्थ, स्वीकृत्यर्थ
For compliance	अनुपालनार्थ
For daily purposes	दैनिक प्रयोजनों के लिये
For expression of opinion	मत की अभिव्यक्ति के लिए, राय जाहिर करने के लिए
For example	उदाहरणार्थ, मिसाल के तौर पर
For favourable action	अनुकूल कार्यवाही के लिए
For favour of doing the needful	यथावश्यक कार्यवाही के लिए
For favour of orders	आदेशार्थ
For further action	अग्रिम कार्यवाही के लिए
For guidance	मार्ग-दर्शन के लिए
Formal occasions	औपचारिक अवसर
For non residential purpose	निवासेतर प्रयोग के लिए
For official use only	केवल सरकारी उपयोग के लिए
For perusal	अवलोकनार्थ
For perusal and return	पढ़ कर लौटाने के लिये
For precedent	पूर्वोदहारण के लिए, नजीर के लिए
For practical purposes	व्यावहारिक प्रयोगार्थ
For ready reference	सुगम निर्देश के लिये
For reasons not connected with	असम्बद्ध कारणों के लिए
For public benefit	आम भलाई के लिये, सार्वजनिक हित के लिये, लोक हित के लिये
For the consideration of	के विचार के लिये
For the first time	पहली बार
For the general good	सार्वजनिक हित के लिये, सर्व कल्याण के लिये
For the purpose of	के प्रयोजन के लिये
For the time being in force (as the rule for the time being in force)	इस समय लागू, तत्समय प्रवृत्त (तत्समय प्रवृत्त नियम, इस समय लागू नियम)
Foregoing provisions	ऊपर के/पूर्ववर्ती उपबन्ध

For want of	के अभाव में
Forwarded for necessary action	आवश्यक कार्यवाही के लिए भेजा गया/अग्रेषित
Forwarded and recommended	भेजा जाता है और सिफारिश की जाती है, अग्रेषित और अभिस्तावित
Free and voluntary	स्वतंत्र और स्वैच्छिक
From generation to generation	पीढ़ी दर पीढ़ी, परम्परागत
From time to time	समय-समय पर
Full dress debate	पूर्ण वाद-विवाद, पूरी बहस
Full time worker	पूर्ण कालिक कार्यकर्त्ता
Further consideration	और विचार
(further consideration of the case)	(मामले पर और विचार करना)
Further orders will follow	बाद में और आदेश भेजे जायेंगे

'G

Gain wrongfully	अवैध/अनुचित रूप से प्राप्त करना
Gallantary award	शौर्य पारितोषिक/पुरस्कार
General rule, as a	साधारणतया, अमूमन,
General set up	सामान्य व्यवस्था
General way-in a	आमतौर से, सामान्यतः
Genuinness of the transaction	व्यवहार की प्रामाणिकता
Give effect to	कार्यान्वित करना, प्रभावी बनाना
Give precedence	पूर्वता देना, अग्रता देना
Give a satisfactory account of oneself	अपने बारे में संतोषजनक उत्तर देना
Good	
to make good the loss	क्षति पूर्ति करना
in good faith	सद्भावना से, सदाशयता से
(work done in good faith)	(सद्भावना से किया गया कार्य)
Good behaviour	नेक चलनी, सदाचार
Good-order in	अच्छी दशा में
Government have been	सरकार इस पूरे प्रश्न पर कुछ व्यग्रता से

viewing the whole question with somewhat uneasy feeling	विचार करती रही है
Grant of permission	इजाजत देना, अनुज्ञा देना
Grievance, redress of	व्यथा का निवारण शिकायत की दूरी
Gross moral terpitude	घोर नैतिक पतन
Gross negligence	घोर उपेक्षा
Grounds of appeal	वजह अपील, अपील का आधार
Grounds on which	जिन आधारों पर
Guilty, to plead	अपराध स्वीकार करना जुर्म इकबाल करना

'H'

Hard and fast rules	कठोर नियम, पक्के नियम
Have the effect of	का प्रभाव होना
Have the force of law	विधिसम प्रभावी होना
Have recourse to	का सहारा लेना, का उपाश्रय लेना
Having-regard to the circumstances of the case	प्रकरण की परिस्थितियों को ध्यान में रखकर
Heard and finally decided	सुना था अंतिम रूप से विनिश्चित, समात की और कतई तौर पर तय किया
Heard in person	खुद सुना, स्वयं सुना, स्वयंश्रुत
Heed, to pay	ध्यान देना
Held in trust	न्यास-धृत
Hereinafter appearing	आगे दिये हुए
Hold brief for	प्रतिवाद करना
Hold in abeyance	आस्थगित करना
Hold office	पद धारण करना
Hold lien on the post	पद पर पुनर्ग्रहणाधिकार होना, पद पर लियन होना,

'I'

I am directed to say	मुझे यह निवेदन करने का निदेश

	किया गया है, मुझे निदेश दिया गया है कि मैं यह निवेदन करूं
I am desired to say	मुझसे कहा गया है कि मैं निवेदन करूं,
I beg to report	मैं सविनय प्रतिवेदन करता हूं
I have satisfied that	मैंने समाधान कर लिया है कि, मैं संतुष्ट हूं कि, मुझे इत्मीनान है कि
If satisfied after due enquiry	यदि विधिवत् जांच से संतुष्ट हो जाय
If the state of work-permits	कार्यावस्था को देखते हुए यदि उचित हो
Immediate despatch	तुरंत प्रेषण
Immediate notice	तत्काल सूचना
Immediate officer	उपरि अधिकारी, आसन्न अधिकारी
In accordance with	के अनुसार, बमोजिब
In accordance with the provisions in that behalf contained in	में अन्तर्विष्ट तद्विषयक उपबन्ध के अनुसार
Inadvertently over-looked	भूल से छूट गया, अनबधान से छूट गया
In an existing vacancy	वर्तमान रिक्त पद पर
In any case	किसी अवस्था में हर दशा में
In nnticipation of orders	आदेशों की प्रत्याशा में
In as much as	चूंकि, इसलिए कि, इस कारण से कि
In broad outline	मोटे तोर पर, स्थूल रूप से
In case it appears	यदि यह प्रतीत हो
In case of doubt	संशयात्मक दशा में, संदेह होने पर
In case of urgency	अविलम्ब स्थिति में, अत्यावश्यक स्थिति में
In certain case	कुछ मामलों (हालातों) में, कतिपय अवस्थाओं में
Incidentally it may be observed that	प्रसंगवश यह भी कहा जा सकता है
In confirmation of	की पुष्टि में
In consultation with	के परामर्श से
In consequence of	के परिणाम स्वरूप
In consideration of	के प्रतिफल स्वरूप, के बदले
Incumbent of an office	पदधारी

Incumbent upon, to be	आवश्यक होना
In due course	यथोचित समय में
In due from	विधिवत्
In exercise of	का प्रयोग करते हुए
Informal discussion	अनौपचारिक चर्चा
Information, promised	वादा की गई सूचना
In his discretion	स्वविवेक से/में
In his view—	उसकी दृष्टि में
Initiate action	कार्यवाही आरंभ करना
In like manner	उसी प्रकार, समान स्थिति से, उसी रीति से, समान ढंग से
In modification of	का आशोधन करते हुए
In-operative, to be	प्रवर्तन शून्य होना
In official capacity	सरकारी हैसियत से, अधिकारी रूप में
In order	१. यथा क्रम, क्रम में, क्रम से, २. व्यवस्थित रूप से
In order of merit	योग्यता क्रम में, योग्यतानुसार श्रेष्ठतानुसार, काबलियत के अनुसार
In order of perference	अधिमान्यता क्रम से
In order to avoid delay	जिससे देर न हो
In other respects	अन्य बातों में
In a provisionally substantive capacity	हेतुमत् मौलिक रूप में
In regular order	नियमित क्रम में
In so far as they are inconsistent with the provisions of	जहाँ तक कि उपबन्धों से असंगत है
In supersession of	का निरसन करते हुए, को निष्प्रभाव करते हुए, को अतिक्रमण करते हुए
In support of	की पुष्टि में, के समर्थन में
Instance, at the, of	की प्रेरणा पर, के रहने से
Intensive training	गहन प्रशिक्षण, प्रगाढ़ प्रशिक्षण
Interesting to note	ध्यान देने योग्य

Intent; to all intents and purposes	वाकई, वास्तव में, सभी अर्थों में, वस्तुतः
In that behalf	उस विषय में, तद्विषयक
Interalia	और बातों में, साथ-साथ
In the circumstances stated in your letter	आपके पत्र में उल्लिखित परिस्थितियों में
In the course of business	काम के दौरान में
In the discharge of official duties	शासकीय कर्तव्यों के पालन में
In the event of	के होने पर
In the exercise of powers	शक्तियों के प्रयोग में, अधिकारों को प्रयोग करके
In the following manner	निम्न प्रकार से
In the form prescribed by	द्वारा निहित प्रपत्र पर
In the light of	का ध्यान रखते हुए, को ध्यान में रखते हुए, के आधार पर
In the manner provided	उपबंधित रीति से
In the public interest	लोक हित में सार्वजनिक हित में
In the normal way	सामान्य प्रकार से
In times of stress	कष्टकाल में
In toto	पूर्णतः
In view of the changed policy	परिवर्तित नीति को दृष्टि में रखते हुए
Involving question of policy	जिसमें नीति का प्रश्न निहित हो
In witness where of	जिसके साक्ष्य में, जिसके साक्षि-रूप
Irrelevant to the issue	विषयासंगत
Irrespective of their nature and contents	उनका स्वरूप अथवा विषय कुछ भी क्यों न हो
Is frequently the case	ऐसा बहुधा हुआ करता है
Is in order	ठीक है, व्यवस्थित रूप में है
Is not reasonably practicable	युक्ति-युक्ति रूप व्यवहार्य नहीं है, यथार्थ रूप से सम्भव नहीं है
Issue as modified	यथा परिष्कृत (पत्र) जारी कीजिये आशोधित रूप में निर्गत हो,
Issue-material	महत्वपूर्ण प्रश्न, सारवत्-वाद-पद

Issued on (circular issued on)	को निर्गत, को जारी किया गया
It has since been decided	तब से यह विनिश्चित (तय) किया
It is conceded	गया है, यह मान लिया गया है
It is hereby agreed	इसके द्वारा यह सम्मत है, एतद् द्वारा यह सम्मत है
It is expedient	यह इष्टकर है
It is noticed	देखा गया है कि
It shall be lawful	यह विधिवत् होगा
It will be appreciated if	बड़ी कृपा होगी यदि; बड़ा उपकार होगा यदि
It will be construed	इसका यह अर्थ समझा जायगा

'J'

Join duty-to	कार्य भार ग्रहण करना
Joining time	कार्यभार ग्रहणावधि, कार्यभार लेने की अवधि
Jointly and severally	संयुक्ततः तथा प्रथकतः, मिल कर तथा अलग-अलग
Judicial reference	न्यायिक निर्देश
Justification for the proposal	प्रस्ताव का औचित्य

'K'

Keep abreast of the times	समय के साथ-साथ चलना
Keep in abeyance	आस्थगित रखना
Keep pending	अनिष्पादित रखना, अनुलम्बित
Keep with file	पत्रावली में रखिये
Know all men by the these presents	इस लेख द्वारा सबको विदित हो
Knowingly and wilfully	जान बूझ कर और स्वेच्छापूर्वक
Knowledge and belief, to the best of	पूरी जानकारी तथा विश्वास के साथ

'L'

Laid down in	में निर्धारित
Land for agricultural purpose	कृषि योग्य भूमि
Land needed for a public purpose	सार्वजनिक प्रयोजनार्थ अपेक्षित भूमि

Lapse of time	समयावसान, कालात्यय
Lapse of grant	अनुदान व्यपगम, अनुदान का व्यपगम होना
Last but one	उपान्तिम
Last residence	अन्तिम निवास
Last mentioned	अन्तोल्लिखित
Latest date	विलम्बतम् दिनांक
Law, for the time being in force	तत्समय प्रवृत्त विधि, फिलहाल प्रचलित कानून
Law abiding	विधिचारी, विधिपालक
Law question of	विधि प्रश्न
Law and custom	विधि और रुढ़ि
Law and order	विधि और व्यवस्था
Lawful authority	विधि संगत प्राधिकारी
Lawful custody	विधि संगत अभिरक्षा
Lawful purpose	वैध प्रयोजन
Lawful oath	वैध शपथ
Lawfully constituted	विधितः गठित
Law, question of	विधि का प्रश्न
Law of nature	नैसर्गिक नियम, प्रकृति-नियम
Lay foundation stone	शिलान्यास करना, आधार-शिला रखना
Layout of land	भूमि अभिन्यास
Leave on private affairs	व्यक्तिगत कार्यार्थ अवकाश, निजी कार्य के लिए छुट्टी
Leave Preparatory to retirement	निवृत्तिपूर्व अवकाश
Legally recoverable	विधितः प्रत्याप्य
Legislative measure	वैधानिक उपाय
Length of service	सेवा काल
Let Appointment Department be consulted.	नियुक्ति विभाग से परामर्श करें
Liabilities, lawfully incurred	विधितः उठाये हुए दायित्व, विधिवत् दायित्व

Lien on appointment	नियुक्ति (पद) पर ग्रहणाधिकार
Lifelong immuinty	आजीवन प्रतिकारिता
Likely to arise	उत्पन्न होने की संभावना
Like manner, in	समान रीति, समान ढंग से
Line of action	कार्यरेख, क्रिया दिशा, कार्य की दिशा
Line of communication	संचार पथ
Literal interpretation	शाब्दिक निर्वचन/व्याख्या
Local usage of custom	स्थानीय प्रथा अथवा रीति, मुकामी रस्म रिवाज
Long-term vacancy	दीर्घावधि रिक्ति
Long-term changes	दीर्घकालीन परिवर्तन
Loss in transit	मार्ग में खो जाना
Lucrative office	प्रलाभी/लाभप्रद पद

'M'

Machinery of Government	शासन-तंत्र
Made in that behalf	तद्विषयक
Made known	विदित कराया गया
Made to order	आदेशानुसार निर्मित
Maintained by the state	राज्य/संधृत/अनुरक्षित/पोषित
Maintenance and repairs	रख-रखाव तथा मरम्मत, अनुरक्षण तथा जीर्णोद्धार
Maintenance of a prisoner	कैदी का पोषण, काराबंदी का पोषण
Maintenance of peace and order	शांति और व्यवस्था बनाये रखना, अमन-चैन बनाये रखना
Maintenance of a road	सड़क का रख-रखाव, सड़क का अनुरक्षण
Make an affirmation	प्रतिज्ञान करना
Made interim arrangements	अन्तरिम प्रबन्ध करना
Make use of	का उपयोग करना
Make void	शून्य करना
Malacious intention	द्वेषपूर्ण अभिप्राय
Mandatory provisions	समादेशक उपबंध
Manner and form	प्रकार और रूप

Manner prescribed	विहित रीति
Marginally noted	पार्श्व लिखित, उपांत लिखित, हाशिये पर लिखा हुआ
Mark of identification	अभिज्ञान चिह्न
Material alteration	सारवत् परिवर्तन, अहम तबदीली, ठोस परिवर्तन
Material irregularity	भारी अनियमितता
Matter-dead	निरर्थक विषय
Matter-in the-of	विषय में
Matter in hand	प्रस्तुत विषय
Matter is under consideration	विषय विचाराधीन है
Matter may be referred to D. M.	जिला अधिकारी को इस विषय पर लिखा जाय
Matter of course-as a	स्वाभाविक रूप से, सामान्य रूप से
Matter of fact	तथ्य की बात, यथार्थ
Matter of fact-as a	वास्तव में, वस्तुत:
Matter of fact statement	यथातथ्य कथन
Matter of chance	संयोग की बात
Matter-of no matter	निरर्थक, अमहत्त्वपूर्ण
Matter of right-as a	साधिकार, अधिकार रूप में
Matter-for that	उस कारण
Matter-subject	विषय
Matters connected there with	उससे सम्बद्ध विषय, तत्संबद्ध विषय
Matter of a routine nature	नैत्यक विषय
Matter of technical nature	प्रविधिक प्रकार का विषय
Matter of policy	नीति विषय
Matter specified above	उपरि-निर्दिष्ट विषय
Matter under reference	निर्देशाधीन विषय, प्रसंगगत विषय
May be informed accordingly	एतदनुसार सूचित किया जाय एतदनुसार सूचना दी जाय
May by passed for payment	शोधन (भुगतान) के लिए पारित किया जाय

May by law determine	विधि द्वारा अवधारित करें
May I know when order in the reference may be expected	कृपया बतायें कि निर्देश में आदेश कब तक प्राप्त हो सकेंगे ।
May perhaps feel inclined to consider the proposal favourably	प्रस्ताव पर कदाचित् सानुकूल विचार करना चाहे
May take cognizance of	प्रज्ञान कर सकेगा
Means, by all	अवश्यमेव, सब प्रकार से
Means, by no	किसी प्रकार नहीं
Measure, to take	उपाय करना
—effective	कारगर उपाय, कार्यक्षम उपाय
Measures adopted	किये गये उपाय, कृत उपाय
Medium of instruction	शिक्षण का माध्यम
Meet the requirements	आवश्यकता पूरी करना
Memorandum under reference	निर्देशित ज्ञापन, निर्देशाधीन ज्ञाप
Merits of each case, on the	प्रत्येक प्रकरण के गुणावगुणानुसार, प्रत्येक प्रकरण के गुण-अवगुण के अनुसार
Method of disposal	निबटारे का तरीका, निस्तारण विधि
Method of procedure	प्रक्रिया रीति
Military decoration	सैनिक विभूषण
Minimum of the time-scale	न्यूनतम समय-मान
Ministerial duties	प्रशासी कर्तव्य, प्रशासनिक कर्तव्य
Minute of the Chief Minister	मुख्य मंत्री का वृत्त
Minutes of the meeting	बैठक की कार्यवाही
Misconduct, gross	घोर अवचार, घोर दुराचरण
Mistake of fact	तथ्य विभ्रम
Moderate language	संयत भाषा
Moderate means	सीमित साधन
Moderate speed	परिमित गति, सामान्य गति
Moderate view	संयत दृष्टिकोण
Month to month	मासानुमास हर महीने
Moral obligation	नैतिक आभार, नैतिक दायित्व

My dear	प्रिय
My dear madam	प्रिय महोदया
My dear Sir	श्रीमान्, प्रिय महोदय
My dear Sirs	श्री मन्त

'N'

Narrative of the case	प्रकरण का तथ्य वर्णन
Narrow escape	बाल-बाल बचना
National security	राष्ट्र सुरक्षा
Natural born subject	देशजात प्रजा
Natural consequences	सहज परिणाम
Natural presumption	सहज धारणा, सहज अनुमान
Nature of the allegations	आरोपों का स्वरूप
Nature of the work	कार्य का स्वरूप
Necessaries of life	जीवन के लिये आवश्यकताएं
Necessary action	आवश्यक कार्यवाही
Necessary precautions	आवश्यक पूर्वोपाय, जरूरी एहतियात
Necessary report is awaited	आवश्यक प्रतिवेदन (रिपोर्ट) की प्रतीक्षा है
Needful, to do	आवश्यक कार्यवाही करना
Needs close supervision	सूक्ष्म देखरेख की आवश्यकता है
Neglect of duty	कर्तव्योपेक्षा, कर्तव्य-उपेक्षा
Negligence-gross	घोर-उपेक्षा, घोर प्रमाद
Negligible quantity	नगण्य मात्रा
Net amount payable	शुद्ध देय धनराशि
Next working day	आगामी कार्य दिवस
No admission except on official business	शासकीय कार्य के बिना प्रवेश निषिद्ध/मना है
No further action is neccessary	कोई और कार्यवाही आवश्यक नहीं है
No instructions	कोई अनुदेश नहीं
No knowledge or information	कोई जानकारी अथवा सूचना नहीं है
No objection certificate	अनापत्ति-पत्र
No suit shall be maintained	कोई वाद चालू न रखा जायगा

Nominal difference	नाम-मात्र का अन्तर
Non-cognizable offence	असंधेय अपराध, अप्रज्ञेय अपराध
Normal working hours	सामान्य-कार्य समय
Not available	अप्राप्य
Not contemplated in	में अपेक्षित न की गई
Note of dissent	विमत टिप्पणी
Note of protest	प्रतिवाद-पत्र
Nothing in this article shall prevent	इस अनुच्छेद की किसी से बात बाधा न होगी, इस अनुच्छेद की कोई बात बाधक न होगी
Notice inviting tenders	निविदा मांगने के लिए सूचना
Notice in writing	लिखित सूचना
Not inconsistent with any of the provisions of	के उपबन्धों में से किसी से असंगत न हो
Notified for general information	जनसाधारण की जानकारी के लिए अधिसूचित
Not payable before	के पूर्व अदेय
Not transferable	अहस्तांतरणीय
Notwithstanding any thing to the contrary	किसी बात के अन्यथा होते हुए भी, इसके विपरीत कोई बात होते हुए भी
Now and again	कभी-कभी, समय-समय पर
Nuisance, public	सार्वजनिक अनुत्रास, लोक कंटक
Null and void	प्रवृत्तिहीन, व्यर्थ और विफल, निष्प्रभाव

'O'

Oath of allegiance	निष्ठा शपथ
Oath of office	पद शपथ
Oath of secrecy	गोपन शपथ
Objectionable, it is highly	यह बहुत ही आपत्तिजनक है
Observance and performance	पालन एवं निष्पादन
Observe punctuality	समय पालन करना
Obtain formal sanction	औपचारिक स्वीकृति प्राप्त करें
Obvious meaning	स्पष्ट अर्थ

Of a formal character	औपचारिक
Of any description	किसी भी प्रकार का
Of a public character	सार्वजनिक रूप का
Of a routine nature	नैत्यक स्वरूप का, रोजमर्रा की तरह का
Offence punishable in accordance with law	विध्यनुकूल दंडनीय अपराध
Offensive expression	आक्षेप-वचन, अप्रिय वचन
Office accommodation	कार्यालय स्थान
Office, duties of	पद के कर्तव्य
Office of issue	निर्गम कार्यालय
Office of profit	लाभप्रद
Office to note and comply	कार्यालय ध्यान दें और पालन करें
Official communication	शासकीय सूचना
Official function-in the discharge of	अधिकारीय कृत्यों के निर्वहन में; सरकारी काम की अंजामदेही में
Official purpose	राजकीय प्रयोजन
Official secret	राजकीय रहस्य, राजकीय गोपनीय बात
Official statement (Official statement was issued)	सरकारी वक्तव्य, राजकीय कथन (सरकारी वक्तव्य निकाला गया)
Officially recognized	राज्य द्वारा अभिज्ञात अथवा मान्य
Officiating service	स्थानापन्न सेवा
Of no avail	निष्फल, व्यर्थ
Of ones own aecord	स्वेच्छा से, अपने आप
Of the kind mentioned in	में वर्णित प्रकार का
Old age pension	वृद्धता पेन्शन, बुढ़ापे की पेन्शन
Omission, accidental	आकस्मिक भूल
On account of	के कारण से, के लिये
On approval	अनुमोदनार्थ
On ceasing to hold office	पद न रहने पर
On compassionate grounds	दया/अनुग्रह के आधार पर
On grounds of	के आधार पर
On merits	गुणदोष पर, गुणावगुण पर

Operational costs	कार्य परिव्यय, लागत खर्च
Opportune moment	उपयुक्त समय
On reasonable grounds	युक्ति-संगत आधार पर, मुनासिब कारणों से
On such terms and conditions as he thinks fit	ऐसे निबन्धनों और शर्तों के साथ जिन्हें वह उचित समझे
On relief by	के द्वारा भारावमुक्त होने पर
On the advice of	की मंत्रणा पर, के परामर्श पर, की सलाह पर
On the contrary	इसके प्रतिकूल
On the ground of seniority	ज्येष्ठता के आधार पर
On the line of	के आधार पर, के समान
On the whole	सामान्यतः
On their own initiative	स्वयं ही
One year's completed service	एक वर्ष की पूरी सेवा
Operational costs	कार्य परिव्यय, परिचालन व्यय
Operative part (operative part of the document)	प्रवर्ती अंश (दस्तावेज/लेख्य का प्रवर्ती अंश)
Opportunity, at the earliest	यथाशीघ्र
Order-in good	सुव्यवस्थित
Owner's risk-at	स्वामी के दायित्व पर, स्वामी के उत्तर-दायित्व पर, स्वामी की जिम्मेदारी पर
Opportunity at the earliest	यथाशीघ्र

'P'

Partial acceptance	आंशिक स्वीकृति
Part-time course	अंशकालिक पाठ्यक्रम
Passed for payment	शोधन (भुगतान) के लिए पारित
Passive resistance	निष्क्रिय प्रतिरोध
Pending orders of the Government	शासनादेश आने तक, सरकार के आदेश होने तक

Pending decision	फैसला होने तक, विनिश्चय होने तक
Permission in writing	लिखित अनुज्ञा, तहरीरी इजाजत
Personal use	वैयक्तिक उपयोग, निजी इस्तेमाल
Physical fitness certificate	स्वस्थता प्रमाण-पत्र
Place of public entertainment	सार्वजनिक मनोरंजन स्थान
Please comply	कृपया पालन करें
Please discuss	कृपया इस विषय पर बात करें
Please examine proposal	कृपया प्रस्ताव की परीक्षा करें
Please put up with previous papers	कृपया इसे पूर्व पत्रों के साथ प्रस्तुत करें
Please refer to	कृपया देखें
Please speak	कृपया इस विषय पर बात करें
Point at issue	वाद प्रश्न, विचारास्पद प्रश्न
Point of law	विधि प्रश्न
Police custody	पुलिस की अभिरक्षा, पुलिस की हिरासत
Policy-matter of	नीति का विषय
Policy-question of	नीति का प्रश्न
Post script	पुनश्च, पश्चलेख
Practicable, as far as	जहां तक मुमकिन हो, जहां तक व्यवहार्य हो, यथाव्यवहार्य
Practical experience	व्यावहारिक अनुभव
Preceding notes	पूर्वगामी टिप्पणी
Precints of Council House	विधान भवन की परिसीमा
Precisely expressed	यथार्थतः अभिव्यक्त
Precise account	यथार्थ वर्णन
Preference, in order of	अधिमान क्रम
Preferential treatment	अधिमान व्यवहार
Prejudicially-affect to	प्रतिकूल प्रभाव डालना
Prerogative of mercy	दया का परमाधिकार
Prescribed form	विहित प्रपत्र
Preventive detention	निवारक निरोध
P[illegible] approval	पूर्व अनुमोदन

Previous history	पूर्व वृत्त
Prior sanction	पूर्व संमोदन, पूर्व स्वीकृति
Priority list	पूर्वता सूची
Private enterprise	निजी उपक्रम, असार्वजनिक व्यवसाय
Probable cause	संभाव्य कारण
Procedure to be adopted	अनुसरणीय प्रक्रिया
Process of elimination	निरसन विधा
Process of law	विधि आदेशिका
Production work	उत्पादी काम
Progressive change	प्रगामी परिवर्तन, उत्तरोत्तर परिवर्तन
Proper course	समुचित मार्ग
Proper custody	समुचित अभिरक्षा/संरक्षण
Proposed amalgamation	प्रस्तावित एकीकरण, प्रस्थापित समामेलन
Proposition statement	प्रस्थापना विवरण
Proprietary right	स्वामित्वाधिकार
Pros and cons	पक्ष-विपक्ष, आगा-पीछा
Prospective requirements	संभावी आवश्यकतायें
Provided that nothing in this clause shall be construed as	परन्तु इस खण्ड की किसी बात का यह अर्थ नहीं किया जायगा
Provision shall apply mutatis mutandis	उपबंध यथोचित परिवर्तन सहित लागू होगा
Provision to the contrary	विपरीत उपबंध
Provisional expenditure	अन्तरिम व्यय
Punitive police	दण्ड स्वरूप तैनात पुलिस, दण्ड-(आरक्षी) पुलिस
Pursuance, in	के अनुसरण में, के अनुसार

'Q'

Qualification for an office	पदार्हता, किसी पद के लिये योग्यता
Qualified acceptance	विशेषित स्वीकृति, ससंकेत स्वीकृति
Qualifying service	अर्हकारी सेवा
Question in issue	वाद-ग्रस्त प्रश्न
Question of constitutional law	संवैधानिक विधि का प्रश्न

Question of law	विधि प्रश्न
Question of fact	तथ्य प्रश्न
Question of propriety	औचित्य का प्रश्न
Question shall be referred	से प्रश्न पूछा जायगा
Questionable antecedents	संदिग्ध प्राग्वृत्त
Quoted below	नीचे उद्धृत

'R'

Radical change	आमूल परिवर्तन
Raise loan	उधार लेना
Raise objections	आपत्ति उठाना/करना
Raise substantially the same issue	सारतः उन्हीं प्रश्नों को उठाना,
Random sample survey	यादृच्छिक न्यादर्श सर्वेक्षण, अनियत बानगी सर्वेक्षण
Rank and file	जनसाधारण, साधारण सैनिक
Rank, reduced in	पंक्तिच्युत, श्रेणीच्युत
Rash act	दुस्साहसपूर्ण कार्य
Ratification of boundaries	सीमा अनुसमर्थन
Rationalisation of industries	उद्योगों का वैज्ञानिकन
Ready reference	सुगम निर्देश
Reason, by-of	के कारण, से
Reasonable belief	युक्ति-युक्त विश्वास, उचित विश्वास
Reasonable care	युक्ति-युक्त (यथोचित) अवेक्षा/सावधानी
Reasonable course	युक्ति-युक्त (यथोचित) कारण यथोचित कारण
Reasonable opportunity	युक्ति-युक्त अवसर, मुनासिब मौका
Reasonably satisfied	यथोचित रूप से संतुष्ट, यथोचित समाधान कर लिया, युक्ति-युक्त रूप से संतुष्ट
Reason to believe	विश्वास करने का कारण
Reasons beyond control	वश के बाहर कारण
Recent occurrence	अभी की घटना, हाल की घटना

Reciprocal basis	पारस्परिक आधार
Recognition will be withdrawn	मान्यता वापस ले ली जायगी
Recognized by law	विधि द्वारा प्रस्वीकृत/मान्य
Reconciliation of figures	आंकड़ों का समाधान
Reconciliation of discrepancies	विभेद समाधान
Record reasons in writing	कारणों को लेखबद्ध करना
Recourse to have-to	उपाश्रय, आसरा लेना, चाराजोई, उपाश्रित होना, काम में लाना,
Recurring expenditure	आवर्ती व्यय
Redeeming feature	विशेषता
(has one redeeming feature)	(इसमें एक विशेषता है जो दोषों को ढक लेती है)
Redress of grievance	व्यथा का निवारण, परिवेदन का निवारण, शिकायत दूर करना
Reduce to writing	लेखबद्ध करना
Reasonable ground for thinking	यह सोचने (विचार) करने का युक्ति युक्त (यथोचित) कारण
Reduced in rank	पंक्तिच्युत
Reference	निर्देश
Reference to High Court	उच्च न्यायालय से परामर्श मांगना
(with reference to)	(के निर्देश में, के संबंध में)
Referred to above	उपरि-निर्दिष्ट
Re-fixation of pay	वेतन पुनर्निश्चयन
Refresher's course	नवीकरण पाठ्यक्रम
Regards, as	के विषय में, के बारे में
(as regards his qualification)	(उनकी अर्हता के विषय में, जहाँ तक उनकी अर्हता का संबंध है)
Regret	खेद
(to express regrets)	(खेद प्रकट करना)
Regular course of business	कार्य के नियमित क्रम में
Regularly maintained	नियमित रूप से रखा गया

Reimbursement of medical expenses	चिकित्सा-व्यय का प्रतिशोधन, चिकित्सा व्यय की प्रतिपूर्ति
Relating to the period in question	संबंधित अवधि से संबद्ध
Relaxation of rules	नियमों का शिथिलन
Relevant documents	सम्बद्ध प्रलेख, सम्बद्ध लेख्य
Relevant evidence	सुसंगत साक्ष्य
Relevant fact	सम्बद्ध तथ्य
Relevant figures	तत्संबंधी आँकड़े, सम्बद्ध आँकड़े
Reliable data	विश्वसनीय सामग्री (आँकड़े)
Reliable information	विश्वसनीय सूचना
Relief measures	सहायता उपाय, सहायता कार्य
Relief shops	सहायक दुकानें
Relief works	सहायता कर्म
Relinquishment of charge	प्रभार त्याग, कार्यभार छोड़ना
Remain in force	प्रवृत्त रहना, लागू रहना
Remain operative	प्रवृत्त रहना, प्रवर्त्ती
Remedy, proper	समुचित चारा/उपाय
Remit	परिहार देना, भेजना
Remit a sentence	दंड परिहार करना, दंड में छूट देना
Remit money	रुपया भेजना
Remission of revenue	मालगुजारी में छूट
Remove	हटाना
removal from office	पद से हटाया जाना
removal of restriction	प्रतिबंधों को हटाना
Render	देना, करना
to render an account	हिसाब देना, लेखा प्रस्तुत करना
to render a service	सेवा करना
to render oneself liable	भागी होना
(to render oneself liable to punishment)	(दंड का भागी होना)
Repairs and renewals	मरम्मत तथा नवीकरण, जीर्णोद्धार तथा नवीकरण

Repayable advance	प्रतिदेय अग्रिम
Report	उपस्थित होना, प्रतिवेदन
to report for duty	कार्य पर उपस्थित होना
to submit report	प्रतिवेदन प्रस्तुत करना, रिपोर्ट पेश करना
Representation in writing	लिखित अभ्यावेदन
Repugnant to the context	प्रसंग के विरुद्ध/प्रतिकूल
Required, as	यथापेक्षित
Requisition of land	भूमि का अधिग्रहण, भू-अधियाचन (भूमि-अर्जन)
Reservation of posts	पदों का आरक्षण
Residential purposes	निवास प्रयोजन
Restitution, writ of	प्रत्यास्थापन लेख
Restraining order	अवरोधक आदेश
Resumption of charge	प्रभार-पुनर्ग्रहण
Resumption of duties	कर्तव्य संभालना, कार्यभार पुनर्ग्रहण
Retrenched personnel	छँटनी किये गये कर्मचारी
Retrospective effect	पूर्व व्यापी प्रभाव, अनुदर्शी प्रभाव, पश्चात्दर्शी प्रभाव
Returned duly endorsed	यथोचित रूप से पृष्ठांकित करके लौटाया गया
Review	पुनर्विलोकन (सं), पुनर्विचार
review of judgment	निर्णय का पुनर्विलोकन
review of orders	आदेश का पुनर्विचार
Right to constitutional remedies	संवैधानिक प्रतिकार का अधिकार
Risk, at owner's	स्वामी से उत्तरदायित्व पर, मालिक की जिम्मेदारी पर
run the-of	जोखिम में पड़ना, खतरे में पड़ना
Rough calculation	स्थूल गणना, मोटे तौर से हिसाब
Routine case	नैत्यक विषय
Rule	नियम
as a rule	सामान्यतया, आमतौर से
in accordance with the rules	नियमों के अनुसार

service rules	सेवा-नियम
rule making control	नियामक नियन्त्रण
rule of law	विधि-नियम, विधि-शासन
rule of procedure	प्रक्रिया नियम
rules and regulations	नियम तथा विनिमय
rules of business	कार्य-नियम
rules made thereunder	तदधीन निर्मित नियम, इसके अधीन निर्मित नियम
Ruling from Government should be obtained	सरकार से व्यवस्था प्राप्त की जाय

'S'

Safe custody	सुरक्षित अभिरक्षा/निरापद रक्षा
Safety-public	सार्वजनिक क्षेम
Salient features	प्रमुख बातें, विशिष्ट बातें, मुख्य विशेषताएँ
Same, in the-manner	उसी प्रकार से
Sanction	मंजूरी, सम्मोदन, स्वीकृति
sanction of law	विधिक अनुशास्ति/स्वीकृति
previous sanction	पूर्व मंजूरी, पूर्व सम्मोदन
(sanction is hereby accorded to the grant of honorarium)	(एतद् द्वारा मान्यता देने की स्वीकृति दी जाती है)
Sanctioning authority	सम्मोदन प्राधिकारी
Sanctioned as proposed	यथा प्रस्तावित स्वीकृत, यथा प्रस्तावित संमोदित
Satisfy the conditions	शर्तें पूरी करना, प्रतिबंध पालन करना
Save as expressly provided in	में स्पष्टतया उपबंधित स्थिति के अतिरिक्त
Save as otherwise provided	अन्यथा उपबंधित अवस्था को छोड़कर
Save in cases	अवस्थाओं को छोड़कर
Saving clauses	अपवाद खण्ड
Scale of pay	वेतन-क्रम, वेतन-श्रेणी, वेतन-मान
Search party	अन्वेषक दल
Searching enquiry	सूक्ष्म जाँच, सूक्ष्म परिपृच्छा

Seasonal requirements	सामायक/कालिक आवश्यकतायें
Seat of justice	न्यायासन
Secure-to render	सुरक्षित बनाना
Security arrangements	सुरक्षा प्रबन्ध, सुरक्षा व्यवस्था
Self-contained note	स्वतः पूर्ण टिप्पणी
Self-explanatory draft	स्वतः स्पष्ट प्रालेख
Sense of duty	कर्तव्य की भावना
Sent herewith as desired	आदेशानुसार/इच्छानुसार साथ में भेजा जाता/जाती है
Sequence of events	घटना अनुक्रम, घटना-क्रम
Serious notice, to take	कड़ी निगाह से देखना, गम्भीर दृष्टि से देखना, गम्भीर समझना
Service	सेवा
of the country	देश सेवा
of the sdmmons	सम्मन की तामील
Set	
to set apart the sum	अलग रखना (धनराशि)
to set aside (the orders of	मन्सूख करना, रद्द करना
lower court)	निम्न न्यायालय के आदेशों को रद्द करना, मन्सूख करना
to set free	मुक्त करना
to set up (a committee)	बनाना, समिति का बनाना, समिति का निर्माण करना
Severally and jointly	संयुक्त और पृथक रूप से
Shall be construed accordingly	का अर्थ तदनुकूल किया जायगा
Shall be deemed	समझा जायगा
Shall be lawful	वैध होगा
Shall be void	प्रवृत्तिहीन होगा, निष्प्रभाव होगा
Shall have effect	प्रभावी होगा
Shall have force and effect	प्रचलित और प्रभावी होगा
Shall not be called in question	आपत्ति नहीं उठायी जायगी
Shortcut method	लघुरीति, छोटी तरकीब

Show cause	कारण बताना
(to show cause why action should not be taken against him)	कारण बतायें कि उसके विरुद्ध क्यों न कार्यवाही की जाय
Side of a question, another	प्रश्न का दूसरा पक्ष, प्रश्न का दूसरा पहलू
Signed and sealed	हस्ताक्षरित तथा संमुद्रित
Sine die	अनिश्चित काल के लिए
Sine qua non—	अपरिहार्य
Sitting over papers	कागज़ दबाकर बैठना
So as to ensure	जिससे यह सुनिश्चित हो, यह सुनिश्चित करने के लिए
So far as	जहाँ तक
So far as consistent with the provisions	जहाँ तक उपबंधों से संगत हों
So far as may be	यथासम्भव, यथाशक्य
So far as practicable	यथासाध्य, यथाव्यवहार्य, जहाँ तक मुमकिन है
Source of income	आय का स्रोत, आमदनी का जरिया
Sovereign Democratic Republic	सम्पूर्ण प्रभुत्व सम्पन्न लोकतन्त्रात्मक गणराज्य
Special care	विशेष सावधानी
Specific purpose	विशिष्ट प्रयोजन
Specific relief	विशिष्ट सहायता
Specified date	निर्दिष्ट दिनांक
Sponsoring authority	पुरस्कर्ता प्राधिकारी
Stabilization of prices	मूल्य स्थिरीकरण
Standard of qualifications	अर्हता-स्तर
State guest	राज्य अतिथि
Statement of case	मामले का विवरण, प्रकरण विवरण
(please prepare a statement of the case)	कृपया प्रकरण विवरण तैयार कीजिये

Statement of objects and reasons	उद्देश्यों और कारणों का विवरण
Stay of proceedings	कार्यवाही रोकना, कार्यवाही रोधन
Stay orders	रोधनादेश, रोकने का आदेश
Stray cattle	परिभ्रष्ट पशु
Strict measures, to take	कड़े उपाय करना, सख्ती बरतना
(unless strict measures are taken against these activities)	जब तक इन कार्यवाहियों के खिलाफ कड़े उपाय न किये जायेंगे (सख्ती न बरती जायगी)
Strictly adhere to	सम्यक् पालन करना, ठीक-ठीक पालन करना
Strictly prohibited	बिल्कुल मना है, सर्वथा निषिद्ध
Strictly speaking	वास्तव में, यथार्थ में
Stricture, to pass	अवक्षेप करना, कटु आलोचना करना
Subject matter of a motion	प्रस्ताव का विषय
Subject noted above	उपरि-लिखित विषय, उपर्युल्लिखित विषय
Subject to such conditions	ऐसी शर्तों के अधीन रहते हुए, पालन करते हुए
Subject to the provisions	उपबन्धों के अधीन रहते हुए
Submitted for approval	स्वीकृत्यर्थ प्रस्तुत, अनुमोदनार्थ प्रस्तुत
Submitted for consideration	विचारार्थ प्रस्तुत
Submitted for orders	आदेशार्थ प्रस्तुत
Submitted for reference to orders on previous page	पूर्व पृष्ठ पर आदेश के अनुसार प्रस्तुत
Subsequent reminder	अनुवर्ती अनुस्मारक
Substantial changes	सारवत् परिवर्तन
Substantiate charges, to	आरोपों की पुष्टि करना
Substantive appointment	मौलिक नियुक्ति
Subversive activities	हानिकर कार्यवाहियाँ
Such orders as may appear necessary	ऐसे आदेश जो आवश्यक प्रतीत हों
Sufficient cause	पर्याप्त कारण

Sufficient experience and standing	पर्याप्त अनुभव और सेवाकाल
Summary disposal	सरसरी तौर पर निबटाना, संक्षिप्त निवर्तन
Summary of the case	प्रकरण का संक्षिप्त विवरण
Sum payable	देय राशि
Sundry receipts	प्रकीर्ण प्राप्तियाँ
Supersession of, in (in supersession of previous orders)	को निरसन करते हुए, का अतिक्रमण करते हुए (पूर्व आदेशों का निरसन/अतिक्रमण करते हुए)
Supervisory control	पर्यवेक्षी नियन्त्रण
Support of, in	के समर्थन में
Suspended lien	निलम्बित ग्रहणाधिकार (स्थानाधिकार)
Suspicion, reasonable	यथोचित संशय, युक्ति-युक्त संशय
Suspicious circumstances	संशयास्पद परिस्थितियाँ
Systematic compilation	क्रमबद्ध संकलन
System of working	कार्य-पद्धति

'T'

Table of contents	विषय सूची
Table of precedence	पूर्वगामिता सारिणी; अग्रता सारिणी
Tabular form, in	सारिणी रूप में
Tabular method	सारिणी रीति
Tabular statement	सारिणीबद्ध विवरण
Tacit acceptance	मौन स्वीकृति
Tacit assent	मौन अनुमति
Tackle a problem, to	समस्या समाधान
Tactful handling	होशियारी के साथ काम करना, युक्ति-कौशल से काम करना
(tactful handing of the strike situation)	(युक्ति-कौशल से हड़ताल स्थिति पर काबू पाना
Take action against, to	के विरुद्ध कार्यवाही करना
Take advantage of, to	लाभ उठाना

(take advantage of one's official position)	(अपनी पद-स्थिति से लाभ उठाना)
Take cognizance	प्रज्ञान करना, हस्तक्षेप करना
Take effect	प्रभावी होगा
Take exception	आपत्ति करना
Take the initiative	सूत्रपात करना, पेशकदमी करना, पहल करना
Take such measures as may be necessary	यथावश्यक उपाय करना
Tangible result	मूर्त फल, मूर्त परिश्रम
Taxation, exemption from	कर मुक्ति
Technical error	प्राविधिक भूल
Technical objection	प्राविधिक आपत्ति
Technical qualifications	प्राद्योगिक अर्हता, प्राविधिक अर्हता
Technical terms	पारिभाषिक शब्द
Technical training	शिल्प प्रशिक्षण, प्राद्योगिक प्रशिक्षण
Technical words	पारिभाषिक शब्द
Temperate language	संयत भाषा
Tentative proposal	परीक्षणार्थ प्रस्ताव, अन्वीक्षात्मक प्रस्ताव
Tenure of appointment	नियुक्ति अवधि
Tenure of office, during his	अपनी पदावधि में
Termination of lien	ग्रहणाधिकार (स्थानाधिकार) स्थान की समाप्ति
Terms and conditions	निबंधन और शर्तें
Terms of reference	निर्देश पद, विचारणीय विषय, अधिकारादेश
That is to say	अर्थात्
The bill be circulated for eliciting public opinion	सर्वसाधारण की सम्मति जानने के लिए इस विधेयक को घुमाया जाय/ प्रचारित किया जाय
The bill be referred to a select committee	विधेयक प्रवर समिति को भेजा जाय

Then existing	उस समय विद्यमान
Then in force	उस समय प्रवृत्त
Thereafter	तदनन्तर
This is to certify that	यह प्रमाणित किया जाता है
Through proper channel	उचित सरणि से, समुचित मार्ग से, उपरि-अधिकारी द्वारा
Through over sight	भूल जाने से, नजर चूक जाने से
Till further orders	अन्य आदेश पर्यन्त, जब तक दूसरे आदेश न दिये जायें
Time barred	कालातिक्रांत
Timely information	यथासमय सूचना
To be dealt with severely	पर सख्ती से कार्यवाही की जाय
To set to the bottom of a matter	मामले की तह तक पहुँचना
To take as an affront	अपमान समझना
To the contrary	इसके विपरीत
Top priority	सर्व प्राथम्य, सर्व पूर्वता
To the best of ability	पूरी योग्यता से
To the best of belief	पूर्ण विश्वासानुसार
To the effect that	इस आशय का
(government have received complaint to the effect that)	इस आशय की सरकार के पास शिकायतें आई हैं कि
Transitional period	संक्रमण-काल
Treatment of a subject	विषय प्रतिपादन
Trials and tests	अन्वीक्षण और परीक्षण
True copy	सच्ची प्रति

'U'

Un-authorised use	अप्राधिकृत उपभोग, अनधिकृत उपयोग
Un-avoidable delay	अपरिहार्य विलम्ब
Un-called for	अनुचित; अयाचित
Under consideration	विचाराधीन
Under his hand and seal	हस्ताक्षर और मुद्रा से
Under intimation to this office	इस कार्यालय को सूचना देते हुए

Under the auspices of	के संरक्षण में
Under the supervision of	के पर्यवेक्षण (निगरानी) में
Undue long period	अनावश्यक लम्बी अवधि
Unforeseen circumstances	अनपेक्षित परिस्थितियाँ
Uniform increase	समांश वृद्धि
Uniformity in procedure	प्रक्रिया में एकरूपता/समता
Unlawful assembly	अवैध सभा, गैर कानूनी जमात
Unless the context otherwise requires	जब तक प्रसंग से अन्यथा अपेक्षित न हो
Unless otherwise provided	जब तक कि अन्यथा उपबंधित न हो
Unless there be something repugnant in the subject	जब तक विषय में कोई बात प्रतिकूल न हो
Un-remunerative scheme	अलाभकारी योजना
Until provision in that behalf is made by or under an Act	जब तक किसी अधिनियम के द्वारा या अधीन इसलिए उपबन्ध नहीं बनाये जाते
Unusual delay	असामान्य विलम्ब
Uptodate	अद्यावधिक
Utmost care	अधिकतम अवेक्षा, अधिकतम सावधानी

'V'

Vacant post	रिक्त पद
Vague objections	अस्पष्ट आपत्तियाँ
Valid reasons	वैध कारण
Validity of passport	पार-पत्र की मान्यता
Variance, is at	असामंजस्य है, असंगत
Variety of subjects	विभिन्न विषय
Variety programme	विविध कार्यक्रम
Varying degree, in	न्यूनाधिक मात्रा में
Venue of meeting	बैठक स्थल
Verbal alteration	शाब्दिक परिवर्तन
Verbal orders	मौखिक आदेश

Verdict, general	सामान्य निश्चय
Verification of accounts	लेखा-सत्यापन
Verification of anteedents	प्रागवृत की जाँच, प्रागवृत्त का सत्यापन
Vested interests	निहित स्वार्थ, निहित हित
Vesting order	निधायी आदेश
Vide letter no....	पत्र सं०…देखिए
View	दृष्टिकोण, नुक्ते नजर
(from his point of view)	(उसके दृष्टिकोण से, उसके नुक्ते नजर से)
Vigilant control	सतर्क नियन्त्रण
Violation of law	विधि का अतिक्रमण
Virtue of, by	के आधार पर
Virulent epidemic	प्रचण्ड व्यापक रोग
Visual education	दृश्य शिक्षा
Vocational	व्यावसायिक
Vogue, in	प्रचलित
Void and of no effect	शून्य एवं निष्प्रभावी
Voluminous enclosures	भारी सहपत्र
Voluntary contribution	स्वेच्छिक चन्दा/अंशदान
Volunteers on duty	कर्तव्यस्थ-स्वयंसेवक
Vote by secret ballot	गूढ़शलाका द्वारा मतदान, गुप्त मत-पत्र द्वारा मतदान
Vote by proxy	प्रतिपुरुष मतदान
Vouch for corrections	शुद्धियों के लिए दायी होना
Vulnerable points	आक्राम्य स्थान, भेद्य स्थान

'W'

Waiting list	प्रतीक्षा सूची
Waive recovery	वसूली न करना, वसूली छोड़ देना
(the recovery of loan was waived)	(ऋण की वसूली छोड़ दी गई)
Want of funds	निधि का अभाव
Want of means	निर्वाह के साधनों का अभाव

Warrants of arrets	गिरफ्तारी का वारंट
Warrant of detention	निरोध अधिपत्र
Warrant of precedence	अग्रता/पूर्वता अधिपत्र
Watch and ward	रक्षी प्रहरी, पहरा एवं रक्षा
Ways and means	अर्थोपाय
Wear and tear	टूट-फूट
Weekly progress	साप्ताहिक प्रगति
Well-being	कल्याण
When required	अपेक्षानुसार, जब आवश्यक हो
Whichever is earlier	जो भी इससे पहले हो
Whole-time servant	पूर्णकाल-सेवक
Wholly illegal	पूर्णतः अवैध
Wholly or partly	पूर्णतः अथवा अंशतः
Wilful neglect	जानबूझ कर उपेक्षा
Wilfully suppress	जानबूझ कर दबाना या छिपाना
With compliments of	समादरेण, सादर, साभिनन्दन, शुभकामनाओं सहित
With costs	परिव्यय सहित
With due regard	का सम्यक् ध्यान रखते हुए, अवेक्षापूर्वक
With effect from	से, से प्रभावी
with reference to	के सम्बन्ध में, के संदर्भ में
With regard to	के सम्बन्ध में
With respect to	के सम्बन्ध में
With retrospective effect	पश्चात्दर्शी प्रभाव से, अनुदर्शी प्रभाव से
With the approval of	के अनुमोदन से, की मंजूरी से
With the concurrence of	की सहमति से
With the previous consent of	की पूर्व-सम्मति से
Withhold consent	सम्मति न देना
Withholding of increment	वेतन-वृद्धि रोकना
Within a reasonable time	यथोचित समय के भीतर
Within the discretion of	के विवेकाधीन
Within the jurisdiction of	के क्षेत्राधिकार में

Within the meaning of this rule	इस नियम के अर्थान्तर्गत
Within the purview of this rule	इस नियम की व्याप्ति के भीतर
Without any reference	के बिना निर्देश किए हुए
Without assigning any reason	कोई कारण दिये बिना
Without delay	अविलम्ब
Without distinction	बिना भेद-भाव के
Without let or hinderance	बिना अड़चन के, निर्विघ्न
Without permission	अनुज्ञा के बिना, बिलाइजाजत
Without prejudice to the generality of	की व्यापकता पर प्रतिकूल प्रभाव डाले बिना
Words and figures	शब्द और अंक
Words of command	समादेश-वचन
Work in hand	हस्तगत कार्य
Wrongful confinement	अन्याय्य निरोध, अवैध निरोध
Wrongful restraint	अन्याय्य अवरोध
Wrongful seizure	अन्याय्य अभिग्रहण, नाजायज जब्ती, अवैध अभिग्रहण

'X'

X-ray examination	क्ष-रश्मि परीक्षा, एक्सरे परीक्षा

'Y'

Year ending	समाप्त होने वाले वर्ष
Year to year	वर्षानुवर्ष
Year under report	आलोच्य वर्ष, प्रतिवेदित वर्ष
Your Excellency	महामहिम, परमश्रेष्ठ
Yours faithfully	भवदीय
Yours sincerely	आपका/भवदीय/सद्भावी

'Z'

Zeal	उत्साह
(to do work with zeal)	(उत्साह के साथ कार्य करना)
Zero hour	आक्रमण बेला

• • •